VOZES DA TIRANIA

FUNDAÇÃO EDITORA DA UNESP

Presidente do Conselho Curador
Mário Sérgio Vasconcelos

Diretor-Presidente
Jézio Hernani Bomfim Gutierre

Superintendente Administrativo e Financeiro
William de Souza Agostinho

Conselho Editorial Acadêmico
Danilo Rothberg
João Luís Cardoso Tápias Ceccantini
Luiz Fernando Ayerbe
Marcelo Takeshi Yamashita
Maria Cristina Pereira Lima
Milton Terumitsu Sogabe
Newton La Scala Júnior
Pedro Angelo Pagni
Renata Junqueira de Souza
Rosa Maria Feiteiro Cavalari

Editores-Adjuntos
Anderson Nobara
Leandro Rodrigues

R. MURRAY SCHAFER

Vozes da tirania

Templos de silêncio

Tradução
Marisa Trench de Oliveira Fonterrada

Revisão técnica
Cláudia de Oliveira Fonterrada

editora
unesp

© 1993 R. Murray Schafer
Primeira edição publicada pela Arcana Editions,
Indian River, Ontário, KOL 2BO, Canadá
© 2019 Editora Unesp
Título original: *Voices of Tyranny: Temples of Silence*

Direitos de publicação reservados à:
Fundação Editora da Unesp (FEU)
Praça da Sé, 108
01001-900 – São Paulo – SP
Tel.: (0xx11) 3242-7171
Fax: (0xx11) 3242-7172
www.editoraunesp.com.br
www.livrariaunesp.com.br
atendimento.editora@unesp.br

Dados Internacionais de Catalogação na Publicação (CIP) de acordo com ISBD
Elaborado por Vagner Rodolfo da Silva – CRB-8/9410

S296v

Schafer, R. Murray
    Vozes da tirania: templos de silêncio / R. Murray Schafer; traduzido por Marisa Trench de Oliveira Fonterrada. – São Paulo: Editora Unesp, 2019.

    Tradução de: Voices of Tyranny: Temples of Silence
    ISBN: 978-85-393-0805-7

    1. Música. 2. Acústica. 3. Sonoridade. 4. Sonoridades naturais. 5. Fenômenos acústicos na natureza. I. Fonterrada, Marisa Trench de Oliveira. II. Título.

2019-1483   CDD 780
                                             CDU 78

Editora afiliada:

Sumário

Nota da tradutora   7
Prefácio   9

1 – *Ursound*   15
2 – Espaço acústico   37
3 – Três estudos documentais   57
   A paisagem sonora dialética   57
   A paisagem sonora fechada   65
   A paisagem sonora aberta   71
4 – Três reflexões   77
   A paisagem sonora ilusória   77
   A paisagem sonora envidraçada   83
   A paisagem sonora abarrotada   89
5 – A paisagem sonora canadense   101
6 – O designer da paisagem sonora   123
7 – A música e a paisagem sonora   139
8 – Rádio radical   159
9 – Musecologia   177
10 – Nunca vi um som   197

NOTA DA TRADUTORA

Traduzir um livro de Murray Schafer é sempre uma aventura. E, como toda aventura, o trabalho toma caminhos imprevisíveis, nem sempre de fácil acesso ao leitor. Foi assim com a tradução de *Vozes da tirania: Templos do silêncio*. A diversidade dos temas abordados e do público a quem os textos são dirigidos levou a diferentes linguagens e estilos, o que, aliás, é comentado pelo próprio Schafer na "Introdução" do livro. Essa variedade incide diretamente na linguagem adotada por ele ao abordar cada temática. Tópicos como a origem do mundo a partir do som, segundo mitos da Antiguidade e de culturas orais, inserem-se ao lado do exame de paisagens sonoras de lugares e épocas distintos, o que é realizado a partir da análise de pinturas, romances e depoimentos vários, incluindo ainda a apresentação de sonoridades típicas do Canadá rural e discussões acerca da influência de diferentes materiais de construção na constituição da paisagem sonora urbana. Além disso, há relatos das diferentes sonoridades presentes no ambiente campestre a cada mudança de estação, um fenômeno muito característico do Canadá; uma crítica ao rádio, que, segundo ele, é predominantemente voltado para o lucro, ao lado de sugestões utópicas e ousadas a respeito de como esse meio de comunicação poderia servir melhor à humanidade a partir de programas calcados em sonoridades naturais.

Dessa diversidade de assuntos resultam palavras e expressões peculiares, em certos momentos até mesmo difíceis de compreender. Por esse motivo, é preciso registrar que a tradução só foi possível graças ao auxílio amigo de várias pessoas: Doug Friesen, músico e educador canadense, discípulo de Schafer, que esclareceu muitas expressões típicas ou simbólicas empregadas pelo mestre; Mário Frungillo, percussionista, professor e autor do *Dicionário de percussão* (Editora Unesp, 2003), pelas preciosas informações a respeito dos instrumentos mencionados por Schafer na análise de um quadro de Brueghel e pelas sugestões para nomear tais instrumentos em português; Eleanor James, esposa de Schafer, pelos esclarecimentos prestados a respeito de uma expressão usada por ele, os quais constam da última nota de rodapé deste livro. Não posso deixar de agradecer a Cláudia de Oliveira Fonterrada pelas inúmeras sugestões e pelo cuidadoso trabalho de revisão técnica. A todos eles meus sinceros agradecimentos pela ajuda prestada.

Marisa Trench de Oliveira Fonterrada

PREFÁCIO

"Não", disse automaticamente o vendedor, do centro de sua parede de livros. Como supervisor da sessão de autoajuda, ele estava rodeado por centenas de temas. "Não." E depois, um pouco mais solícito: "Qual é o título mesmo?".
"*A afinação do mundo*", repeti, "de R. Murray Schafer, S-C-H... Acho que está esgotado, mas pensei..."
"Seção de Música."
"Mas o livro não é sobre Música", protestei, "ele trata de sons, sons muito comuns, cotidianos."
"Ah", disse o vendedor. "Esoterismo."

(*Form*, IV, 1991)

Quando *A afinação do mundo* foi publicado, em 1977, os vendedores de livros diziam que ele inaugurava um tema tão novo que eles não conseguiam encontrar um lugar apropriado para ele nas prateleiras. Se eu tivesse sido consultado, poderia ter sugerido que o pusessem na vitrine. Eu acreditava piamente que, se o público se conscientizasse da paisagem sonora, a poluição dos ruídos poderia logo ser derrotada e nos poríamos então no caminho do projeto acústico inteligente. O livro havia sido bem recebido por

10 R. MURRAY SCHAFER

especialistas de uma grande variedade de disciplinas: arquitetura, urbanismo, geografia, engenharia acústica, música, comunicação e estudos ambientais. Esse fato era encorajador, ainda que eu não me desse conta de que isso apenas contribuía para o dilema dos vendedores de livros, e posso imaginar muitos diálogos semelhantes ao que foi citado antes, publicado recentemente por uma revista alemã. Ao mesmo tempo que *A afinação do mundo* foi traduzido para muitos idiomas, ele rapidamente desaparecia das lojas. Para tê-lo disponível em meu próprio país, tive de readquirir os direitos da edição canadense. Isso marcou o início de uma nova era, pois, desde então, passei a publicar o meu próprio trabalho pela Arcana Editions, uma empresa caseira, conduzida de minha própria casa. Naturalmente, hoje as coisas não circulam mais tão amplamente como antes, mas as publicações estão mais efetivamente disponíveis àqueles que as querem de fato. Agora, quinze anos depois de *A afinação do mundo*, apresento o presente volume, cujo escopo talvez seja menor do que o do primeiro livro, mas foi escrito não com menos esperança, pois a paisagem sonora não melhorou o bastante, e o problema do excesso de ruído em nossa vida permanece. *A afinação do mundo* foi um resumo da pesquisa conduzida pelo projeto Paisagem Sonora Mundial, da Universidade de Simon Fraser, em Vancouver, Canadá, entre 1970 e 1975. Desde aquela época, essa pesquisa tem sido ampliada por outros pesquisadores, principalmente no Japão, na França e no norte da Europa.

Em 1975, deixei Vancouver para viver em uma fazenda em Ontário. Sem mais recursos para pesquisa ativa, meu próprio trabalho acerca da paisagem sonora tomou a forma do ensino e da reflexão, e foram essas atividades que deram origem à presente coleção de ensaios, escritos no decorrer dos anos, desde 1977. Este é um dos dois livros que publiquei simultaneamente. O outro, *Educação sonora*, consiste em cem exercícios de escuta e criação de música, e é claramente direcionado para o ambiente escolar, com a esperança de sensibilizar uma geração de jovens para os sons ambientes e encorajá-los a pensar em caminhos para projetar futuras paisagens sonoras. O presente volume consiste de ensaios escritos para

VOZES DA TIRANIA **11**

várias publicações, algumas acadêmicas e outras mais generalistas. Inclui-se aqui, também, material de palestras de um curso sobre paisagem sonora que ministrei, há alguns anos, na Universidade McGill. Isso explica a mudança de tom de capítulo para capítulo. Eu deixei assim mesmo, pois não penso que seja particularmente importante para este livro formar uma unidade ou um *Gradus ad Parnasum* dos estudos da paisagem sonora. Trata-se de uma série de enunciações, como os próprios sons, cada qual ocorrendo como seu próprio ponto no tempo e no espaço, alguns cuidadosamente preparados, outros mais espontâneos ou com argumentação apaixonada. Ter arranjado as coisas em uma progressão mais linear, ter dado a elas uma metodologia, teria sido render-me à cultura visualmente dominante e a seu amor por sistemas que se põem em oposição ao incontrolável mundo dos sons. Falarei mais a esse respeito no ensaio final, "Nunca vi um som".

Os pesquisadores da paisagem sonora têm sido acusados com frequência de dispor de metodologia ou de um plano coerente, como se o objetivo final fosse algum projeto enorme que abarcasse todos os sons do mundo, em uma Nova Ordem Acústica Mundial. Porém, como todos os sons existem no momento presente, qualquer tentativa dessa sorte seria completamente impossível. Tudo o que se pode fazer é alertar mais pessoas para o atual estado dos acontecimentos, com a esperança de que qualquer coisa que o futuro traga possa ser menos discordante do que o presente. O ruído é, quase sempre, uma mercadoria, fabricada e vendida com um propósito. Seja de uma sirene, de uma motocicleta ou de um rádio, tanto faz; por detrás de cada coisa, há uma instituição que procura tirar lucro da dissonância. Essas são as Vozes da Tirania. Contra elas, organizam-se os Templos de Silêncio, ambientes onde os sons são notados mais facilmente por conta de sua escassez. Há, aqui, exuberância, mas não desperdício. Pensamos em um templo, mas na realidade trata-se de um estado mental, o qual é preciso resgatar no mundo moderno.

Os ritmos e os sistemas de comunicação da paisagem sonora natural nos ensinam que Deus era, ou é, entre outras coisas, um engenheiro acústico de primeira linha. Simplesmente não há sons

12   R. MURRAY SCHAFER

na natureza que destruam nossa escuta. Tenho pensado nisso com frequência enquanto ouço as mensagens interativas da paisagem sonora natural, na qual sempre há um tempo para soar e um tempo para escutar. Mesmo quando movo meus membros, fico maravilhado com quão silenciosamente eles se movimentam, e imagino que sons eles fariam se tivessem sido projetados nas fábricas da revolução industrial, ou nas linhas de montagem de Detroit. Pense no cuidado com que os ouvidos humanos foram criados, sensíveis o suficiente para ouvir os menores sussurros, mas não tão sensíveis para captar a colisão entre as moléculas de ar ou o som do sangue circulando pelo nosso corpo. Imagine se os ouvidos tivessem sido postos próximos à boca, onde eles captariam o estalar dos lábios e o bater dos dentes. Quanto às realizações de Detroit, o máximo que posso dizer do automóvel é que o som que ele produz se assemelha mais à flatulência. Como se fosse uma ironia antropomórfica, o sistema de exaustão está posicionado bem no lugar em que estaria o ânus, embora sem os músculos do esfíncter para controlar as emissões em reuniões públicas.

Por esse motivo, sempre retorno à natureza para buscar indícios do que o design da paisagem sonora poderia vir a ser, caso prestássemos mais atenção ao "grande segredo revelado" da natureza, e menos aos circos da civilização. Alguns críticos acharam *A afinação do mundo* um livro regressivo justamente por essa razão, e me acusaram de sentimentalismo irreal. No entanto, noções como progressão ou regressão pertencem somente a sociedades viciadas em progresso, assim como a pobreza é uma noção que surge da raiva pela riqueza. Não acredito em progresso, no sentido de que aumentar a riqueza ou a tecnologia seja, em si mesmo, algo redentor. Quanto a regressar, não há como voltar a um ponto em que você nunca esteve; e há, acima de tudo, uma forma musical muito satisfatória, conhecida como ternária, na qual o material original retorna, com a significativa diferença de que ela se segue a um interlúdio contrastante.

Assim, esses ensaios exploram paisagens sonoras que tentei habitar, seja de corpo presente, seja pelo exame de documentos de outros lugares e outros tempos. O principal objetivo aqui é tentar encontrar pistas que possam ser úteis, de modo que, à medida que as futuras paisagens sonoras evoluam, elas possam tornar-se, mesmo que de forma limitada, mais satisfatórias e propícias a uma vida melhor, que todos nós esperamos encontrar adiante.

Indian River, verão de 1992.

1
URSOUND

Ursound, o primeiro som, a força criativa original. Para compreender seu poder de criar e modelar, voltemo-nos aos mitos cosmogônicos. Estes tentam explicar como o mundo se relaciona com o cosmos e como o homem veio a se centrar no mundo. O mistério é obscuro, os mitos variam, e empregam-se símbolos para deixá-los mais claros. Além de sua importância para os dogmas religiosos, os mitos de criação podem também ser interpretados como tentativas de descrever o gradual esclarecimento da consciência. Como tais, eles dão pistas de como as faculdades da percepção se originaram ou, ao menos, de seu papel na relação entre as figuras humana e divina, cujas atividades se constituem no mais antigo ponto de referência que podemos estudar.

No Gênesis, aprendemos como o "espírito de Deus" (que podemos conceber como respiração, *pneuma* ou vento) se moveu sobre "a escuridão [...] das profundezas", (uma metáfora para o inconsciente). Se o texto for lido com atenção, fica claro que o primeiro movimento não foi a distinção entre escuridão e luz, mas o anúncio acústico da intenção: "E Deus disse". Imaginamos essas palavras repetidas com ênfase, como uma série de vibrações poderosas, esculpindo o universo dentro da forma. Cada ato de modelar é prefaciado pelo mesmo

Figura 1
Os deuses forjam, de forma criativa, com um ruído "sagrado".

Fonte: *Historia de Gentibus Septentrio-Natibus*, Olaus Magnus, Basileia, 1567.

símbolo sonoro.[1] Somente depois de cada ação é que a experiência visual entra em jogo: "E Deus viu que era bom". Tudo remete à colisão entre o vento e a água, o ponto criativo de onde o som se originou. Gostaríamos de nos aprofundar mais nesse mistério, mas é impossível; os dados não são precisos; e, de todo modo, como mostrei em *A afinação do mundo*, o simbolismo acústico do vento e da água é complexo e nada fácil de explicar. A relação entre Deus e as águas escuras que prefiguram a criação também não é clara, tanto que os audianistas e sampseanistas,[2] das primeiras seitas heréticas, acreditavam que Deus não criou as águas, pois em nenhuma parte do Gênesis lemos: "E Deus disse: que haja água". Santo Agostinho atacou essa ideia em *Cidade de Deus*, reafirmando a crença ortodoxa de que Deus, sendo o Todo, era tanto as águas quanto a respiração do ar que se precipitava sobre elas. Certamente, a Bíblia é clara ao nos contar que o som incorporado no encontro desses dois elementos era a voz de Deus. Será possível que a "escuridão das profundezas" seja uma metáfora não somente para a ignorância do cronista, mas também para a inconsciência de Deus a respeito de seus próprios poderes? Então Deus também parece participar do desenvolvimento do instinto cego para a cognição, à medida que cresce a apreciação do homem pelo refinamento de Deus.[3]

Para os antigos semitas, a "abóboda", ou "firmamento", descrita em Gênesis I:6 era uma cúpula sólida que pôs as águas superiores do Céu em cheque. Assim, a infinitude do inconsciente tinha dois reinos, um superior e um inferior, entre os quais descansavam os elementos discerníveis que formavam o sutil e sempre amplo reino

---

1 "'Símbolo' é aqui tomado no sentido de corresponder à melhor expressão possível para um fato complexo, ainda não claramente apreendido pela consciência." C. G. Jung, *Collected Works*, v.8, p.75.

2 "*Audians*" e "*Sampsaeans*", no original. Referem-se a duas seitas heréticas do início do século IV: a primeira teria sido criada por Audaeus, poeta sírio, e a segunda, mencionada pela primeira vez pelo poeta Epiphanius de Salamis também no século IV, seria uma seita de judeus e judeus cristãos que viviam nos arredores do mar Morto. (N.T.)

3 O ensaio de Jung "Answer to Job" [Resposta a Jó] é uma excelente exposição desse desenvolvimento dual na discriminação.

18 R. MURRAY SCHAFER

da consciência. O âmbito das distinções conscientes logo se revela nos seguintes versos: grama e ervas aparecem, depois, árvores, animais, peixes e, finalmente, o homem. Detalhes são acrescentados aos amplos traços originais, e então se cria um quadro do mundo que ninguém tem dificuldade em reconhecer. Procura-se, sem sucesso, explicações para uma série de discriminações acústicas que combinem com a descrição visual: a exclamação de prazer do homem ao se criar a mulher (2:23), a voz da serpente (3:1), ou da mulher (3:2), não são comparativamente evocativas daquilo que nossos olhos podem contemplar. Mas estaríamos errados ao pensar que o som, tendo funcionado tão criativamente na abertura do mito, fosse tão rapidamente relegado a uma posição secundária. De fato, ele continua a ser o meio pelo qual Deus e o homem se comunicam e, assim, mantém a posição de importância primordial ao longo de toda a Bíblia – mas devo voltar a esse ponto depois de comparar alguns mitos de criação provenientes de outras fontes.

Nos mitos de criação do Egito, os nomes dos deuses às vezes variam, mas uma ideia se sustenta em todos eles. Aton (por vezes, Rá) iniciou a criação emergindo das águas abissais (Nun) em uma montanha primeva na qual ele, em seguida, criou os outros deuses. Aton (Rá) diz: "Eu sou o grande deus que criou a si mesmo". Mas, em outras versões, lemos que foi Nun quem primeiro criou a si mesmo. De novo a ambivalência a respeito de a água ser o elemento criativo ou o elemento do qual a criação procedeu. Mas a diferenciação da substância primordial só começa quando Aton (Rá) nomeia as partes do seu corpo; desse nomear nascem os outros deuses.

> Ele é Rá, que criou os nomes das partes do seu corpo. Foi assim que esses deuses que vieram depois dele foram criados.[4]

Quando a Primeira Dinastia estabeleceu sua capital em Mênfis, o deus menfita Ptah foi proclamado o Primeiro Princípio e, assim,

---

4 Egyptian Myths, Tales and Mortuary Texts, in: *Ancient and Near Eastern Texts Pertaining to the Old Testament*. Ed. J.B. Prichard, 3.ed. (Princeton, 1969), p.4.

assumiu os poderes de Aton (Rá). Ptah concebe os elementos do universo com sua mente ("coração") e os faz nascer pela sua fala (língua). Nos mitos egípcios, a articulação da consciência toma a forma de nomear coisas. Aqui há uma aproximação com a Doutrina do Logos, mais tarde ampliada pelos gregos e tomada, subsequentemente, pelos primeiros cristãos, como o quarto Evangelho mostra. Logos (a Palavra) foi então concebido como "a Palavra do Senhor", isto é, a razão divina, o princípio norteador do universo. Se o Logos grego deve sempre ser entendido como som pronunciado ou meramente como um construto mental, esse é um tema de contestação.[5] Mas não há dúvida acerca da relação entre pensamento e som no mito de criação menfita.

> Veio a ser como o coração e veio a ser como a língua [alguma coisa] na forma de Aton.[6]

O menfita Ptah é visto, agora, como o progenitor do deus-criador Aton.

> Assim, aconteceu que o coração e a língua ganharam o controle sobre [cada outro] membro do corpo, ensinando que ele [Ptah] está em cada corpo e em cada boca de todos os deuses, todos os homens, [todo] o gado, [todas] as coisas rastejantes, e [tudo] que vive...[7]

O divino ato da fala, que, no mito menfita, é a força criativa original, é transmitido a todas as criaturas criadas, que, por sua vez, se tornam criativas.

---

5 Em *A afinação do mundo*, imprudentemente citei "No princípio era o Verbo", de João, como se uma vibração acústica tivesse sido pretendida. O presente ensaio é uma tentativa de localizar os antecedentes dessa ideia, que, no tempo de João, provavelmente, era mais aceita como manifestação muda da razão divina.

6 Egyptian Myths..., op. cit., p.5.

7 Ibid.

R. MURRAY SCHAFER

É isso que faz que cada (conceito) completado seja anunciado e é a língua que anuncia o que o coração pensa.[8]

Em outro mito de criação egípcio (do Papiro Bremner-Rhind),[9] o poder criativo da boca liga-se enfaticamente à potência sexual.

O Senhor do Todo disse, depois que veio a ser: "Sou aquele que passou a existir como Khepri. Quando passei a existir, o [próprio] ser passou a existir, e todos os seres passaram a existir depois que eu vim a ser. Muitos foram os serem anunciados pela minha boca [...]".

"Planejei em meu próprio coração, e de lá nasceu uma plurali- dade de formas de seres, as formas de crianças e as formas de suas crianças. Fui aquele que copulava com meus punhos, me mastur- bava com minha mão. Então, vomitei com minha própria boca: cuspi para fora o que era Shu, e cuspi o que era Tefnut. Foi meu pai Nun que os trouxe, e meu Olho os seguiu depois, desde a era em que eles estavam distantes de mim."[10]

Mais uma vez o olho segue a voz, como instrumento pelo qual o ato criativo é compreendido.

A ideia de que a voz de Deus criou o universo é generalizada, e há numerosos ecos dela em outras fontes. No Papiro Leiden[11] lemos:

E Deus riu sete vezes: Cha Cha Cha Cha Cha Cha Cha, e, à medida que Deus ria, surgiram sete deuses.[12]

Não se pode deixar de notar a similaridade entre os sete risos energéticos e os sete dias de criação do Gênesis. Em certas doutrinas cabalísticas, o todo da criação se constitui num gigantesco processo

---

8 Ibid.

9 O Papiro Bremner-Rhind trata da construção heliopolitana. Encontra-se no Museu Britânico desde 1865. (N.T.)

10 Ibid., p.6.

11 O Papiro Leiden é um papiro egípcio antigo, hoje mantido em Leiden, nos Paí- ses Baixos. (N.T.)

12 *Abraxas*, A. Dietrich, p.17, Pap. J 395.

VOZES DA TIRANIA **21**

de inalação e exalação divinas, uma noção que mais tarde foi tomada pela teosofista H. P. Blavatsky, quando escreveu: "O aparecimento e o desaparecimento do Universo são descritos como expiração e inspiração do 'Grande Sopro', que é eterno [...]. Quando o 'Grande Sopro' expira [...], emitindo, por assim dizer, um pensamento que vem a ser o Cosmos".[13]

No *Pymander*, de Hermes Trismegistos, Pymander, "a mente do Grande Senhor", é percebido primeiramente como Escuridão. Então, essa Escuridão se agita e começa a bramir como um fogo. Por fim, "da Luz surge uma Palavra sagrada [Logos]".[14] Hipólito de Roma (170-235 d.C.), um controverso teólogo e defensor da Doutrina do Logos durante os primeiros tempos da Igreja Romana, reforça a noção de que o enunciar da Palavra Divina significa criação física, e escreve: "Mas a voz e o nome [são] sol e lua".[15]

Paralelos desses temas do Oriente Médio são encontrados em culturas de outras partes do mundo. No mito de criação dos hopi:

> Palongawhoya, viajando pela terra, entoava sua saudação quando era anunciado. Todos os centros vibratórios ao longo do eixo da terra, de polo a polo, ressoavam tal entoação: toda a terra tremeu: o universo estremeceu em tom. Assim, ele fez de todo o mundo um instrumento de som, e do som um instrumento para carregar mensagens, ressoando graças ao criador de tudo.

O antigo mito de criação maia conta como tudo começou a partir da "imobilidade e do silêncio".

> Não havia nada reunido, nada que pudesse fazer um ruído, nem nada que pudesse se mover, ou tremer, ou que pudesse fazer barulho no céu.

---

13 H.P. Blavatsky, *The Secret Doctrine* (Los Angeles, 1974), p.43. A tradução deste trecho é de Blavatsky, H. P. *A doutrina secreta*, São Paulo: Pensamento, 1980, p.106.

14 Citado por Hans Jonas, *The Gnostic Religion* (Boston, 1958), p.148-9.

15 *Elenchos*, VI, 13.

22   R. MURRAY SCHAFER

Então, veio a palavra. Tepeu e Gucumatz se juntaram na escuridão, na noite, e Tepeu e Gucumatz conversaram. Eles conversaram, debatendo e deliberando; concordaram, uniram suas palavras e seus pensamentos [...]. Então, planejaram a criação [...]. Assim, eles disseram: "Que haja luz, que haja amanhecer no céu e na terra! Não deve haver nem glória nem grandeza em nossa criação e formação, até que o ser humano seja feito, o homem seja formado". Assim eles falaram.

Então, a terra foi criada por eles. Assim foi, na verdade, que eles criaram a terra. "Terra!", disseram, e no mesmo momento ela foi feita.[16]

A ideia segundo a qual a criação nasceu do diálogo, e não do monólogo, é um reconhecimento interessante do fato de que, para o som emergir, duas coisas são necessárias: um elemento ativo e um receptivo. A cosmologia maori também se origina da escuridão e do silêncio, quando "Io", a força-vida, fala:

Que Ele pudesse cessar de permanecer inativo:
"Escuridão, torne-se a escuridão possuidora da luz";
E então a luz apareceu.
[Ele] Então repetiu aquelas mesmas palavras, da seguinte maneira,
Que ele pudesse cessar de permanecer inativo;
"Luz, torne-se a luz possuidora da escuridão".
E, novamente, uma intensa escuridão sobreveio.[17]

A retenção da escuridão no mito Maori significa a dependência continuada do instinto, apesar de o processo cognitivo ter começado a funcionar. A escuridão, naturalmente, não pertence, em absoluto, ao mundo visível, mas ao da escuta. Assim, a alternância entre os

---

16 *Popol Vuh: The Sacred Book of the Ancient Quiché Maya*, trad. D. Goetz e S. G. Morley (Norman, Okla, 1950), p.81-3.

17 A Maori cosmology, trad. Hare Hongi, *The Journal of the Polynesian Society*, v.XVI, n.63 (Wellington, set. 1907), p.114.

dois estados indica que ambos, o ouvido instintivo e o olho analítico, servirão cada qual a seu propósito, embora ao final dominará o mundo da luz.

> Então, pela terceira vez, Ele disse:
> "Que haja uma escuridão acima,
> Que haja uma escuridão abaixo [alternadamente]
> Que haja uma escuridão até Tupua,
> Que haja uma escuridão até Tawhito.
> É a escuridão que foi dominada e dispersada.
> Que haja uma luz acima,
> Que haja uma luz abaixo [alternadamente].
> Que haja uma luz até Tupua,
> Que haja uma luz até Tawhito;
> Um domínio de luz,
> Uma luz brilhante".
> E agora uma grande luz prevaleceu.
> [Io] Então olhou para as águas que o rodeavam
> e falou pela quarta vez:
> "Ó, vós, águas de Tai-kama, separem-se!".

Dividir as águas quer dizer conquistá-las, substituir o caos ("escuridão, com água em todos os lugares") por mar e rio navegáveis. Para perceber a água em corpos separados, não se está dentro da água, mas sobre ela. A água é privada de seu estado áudio-táctil e será, no futuro, visualizada da ponte do navio e no mapa do navegador. O desenvolvimento da consciência é com frequência ilustrado como um movimento das águas profundas em direção à terra seca. O seguinte texto é de um mito de criação brâmane, tal como registrado no *Satapatha-Brahmana*.

> Na verdade, no começo este [universo] era água, nada além de um mar de água. As águas desejaram, "Como poderemos ser reproduzidas?". Elas trabalharam muito e fizeram férvidas devoções [ou, elas trabalharam muito e esquentaram-se]. Quando se esquentaram,

24 R. MURRAY SCHAFER

um ovo de ouro foi produzido. O ano, na verdade, ainda não existia; esse ovo de ouro flutuou pelo período de cerca de um ano.[18]

Depois de um ano, Prajapati emergiu do ovo. Ao final de outro ano, "tentou falar. Ele disse: '*bhuh!*'. Essa [palavra] tornou-se esta terra; – '*bhuvah*': esta tornou-se este ar; – '*svah*': esta tornou-se o céu distante".

Não sabemos como soava a criação. Não importa. A voz é sua metáfora. É mais fácil reconhecer o poder transformativo de uma invocação em uma língua estranha ("*bhuh!*") do que em uma que entendemos e podemos racionalizar ("E Deus disse"), mas a intenção é a mesma. Em todos os casos, a criação surge da recitação de palavras mágicas, pronunciadas com instintiva autoridade. Essa voz-som pode ser rude, pode ser imprevisível, e pode ser sem sentido, pois somente mais tarde lhe é dado significado, à medida que a coisa que produz assume uma forma e pode ser percebida pelos outros sentidos. O poder mágico de tal fala nunca foi perdido; está presente nas recitações dos assim chamados povos primitivos; está presente nos rituais de invocação em todas as religiões; está presente nas performances dos poetas sonoros contemporâneos. O significado das palavras mágicas é, com frequência, desconhecido, ou foi esquecido. São jaculatórias acústicas, e nelas está a origem tanto da linguagem quanto da música. As palavras de "Io", diz o narrador Maori, "*as mesmas palavras*", são cantadas "no ritual para implantar uma criança em um útero estéril". A invocação de uma palavra mágica é um ato sagrado, independentemente de como e quando ocorra. O *Khândogya-Upanishad* nos fornece instruções para reproduzir a palavra sagrada.

1. Deixe um homem meditar sobre a sílaba Om, chamada a udgîtha; pois a udgîtha [uma porção do Sâma-Veda] é cantada, começando com Om.

---

18 *The Sacred Book of the East*, ed. R. Max Müller (Oxford, 1879 etc.), vol. XLIV, p.12.

VOZES DA TIRANIA **25**

2. A completa descrição de Om, todavia, é esta: – A essência de todos os seres é a terra, a essência da terra é água, a essência da água são as plantas, a essência das plantas é o homem, a essência do homem, a fala; a essência da fala, o Rig-Veda; a essência do Rig-Veda, o Sâma--Veda; a essência da Sâma-Veda, a udgîtha [que é Om].

3. Essa udgîtha [Om] é a melhor de todas as essências, a mais alta, que merece o mais alto lugar, o oitavo.

4. O que é, então, o *Rik*? O que é o Sâman? O que é a udgîtha? Essa é a questão.

5. O *Rik*, na verdade, é fala. Sâman é respiração, a udgîtha é a sílaba Om. Agora, fala e respiração, ou *Rik* e Sâman, formam um par.

6. E esse par é unido na sílaba Om. Quando duas pessoas se juntam, elas preenchem o desejo uma da outra.

7. Assim, aquele que sabe disso, que medita na sílaba [Om], a udgî-tha, se torna, na verdade, um realizador de desejos.

8. Essa é uma sílaba de permissão, pois sempre que permitimos algo, dizemos Om, sim. Agora, permissão é satisfação. Aquele que sabe disso e medita na sílaba Om, a udgîtha, se torna, na verdade, um realizador de desejos.

9. Pois essa sílaba faz o conhecimento triplo [o sacrifício, mais particularmente, o sacrifício Soma, como encontrado nos três Vedas] avançar. Quando o sacerdote Adhvaryu dá uma ordem, ele diz Om. Quando o sacerdote Hotri recita, ele diz Om. Quando o sacerdote Udgâtri canta, ele diz Om – tudo para a glória da sílaba. O conhecimento triplo [o sacrifício] avança pela grandeza dessa sílaba [a respiração vital] e por sua essência [as oblações].

10. Agora, por esse motivo, pareceria resultar que ambos, aquele que conhece [o verdadeiro significado da sílaba Om] e aquele que não conhece, executam o mesmo sacrifício. Mas não [e isso, pois conhecimento e ignorância são diferentes. O sacrifício que um homem faz com conhecimento, fé e Upanishad é mais poderoso. Essa é a completa representação da sílaba Om.[19]

---

19 *Sacred Books*, v.I, p. 1-3.

26 R. MURRAY SCHAFER

O *Khândogya-Upanishad* não é, em termos estritos, um mito cosmogônico, mas uma tentativa de comprimir o todo da criação em um único fenômeno compreensível, o som sagrado da udgîtha, Om. A obra pertence aos Sâma-Veda e, como tal, tem contribuído fortemente para a filosofia ortodoxa da Índia, o vedanta. Pretende-se que a sessão citada seja recitada por ocasião de um casamento, sendo considerada uma oração de fertilidade.

"Deixe um homem meditar sobre a sílaba Om." Pode parecer difícil extrair significado imediato dessa afirmação; mas tal meditação, que consiste na repetição da sílaba, foi planejada para afastar o pensamento de todos os periféricos do mundo e focalizá-lo na questão essencial da existência. O Om, que originalmente parece ter significado "sim", pode ser concebido como "o símbolo de toda fala e vida".[20] No oitavo Khanda, a discussão a respeito de Om é concluída com a questão da origem do mundo.

> Então Silaka Sâlâvatya disse a Kaikitâyana Dâlbhya:
> "Deixe-me lhe perguntar".
> "Pergunte", respondeu ele.
> "Qual é a origem do Sâman?" "Tom [svara]", respondeu.
> "Qual é a origem do tom?" "Respiração", respondeu.
> "Qual é a origem da respiração?" "Alimento", respondeu.
> "Qual é a origem do alimento?" "Água", respondeu.
> "Qual é a origem da água?" "Este mundo (céu)", respondeu.[21]

Através do *Khândogya-Upanishad* tornamo-nos conscientes de que a meditação em Om pode funcionar como uma via direta para aproximação com os deuses.

> Quando o sol nasce, ele canta como Udgâtri para a glória de toda a criação [...]. Isto [a respiração na boca] e aquilo [o Sol] são a mesma coisa. Isto é quente, e aquilo é quente. Isto, eles chamam de svara

---

20 Max Müller, em sua Introdução, ibid., p.XXV.
21 Ibid., p.16.

VOZES DA TIRANIA   **27**

[som], e aquilo eles chamam de pratyasvâra [som refletido]. Assim, deixe o homem meditar na udgîta Om como isto e aquilo [como respiração e sol].[22]

O sol aqui imaginado certamente não é o sol que em outros mitos simboliza a luz do conhecimento. É o sol quente, mais como as imagens do fogo, a serem introduzidas em um momento. O propósito de repetir Om é ajudar a mente a diminuir o interesse no mundo fenomênico, ajudá-la a alcançar um estado em que as distinções da consciência fiquem embaçadas e, por fim, sejam eliminadas, um estado no qual se obtém a unidade da hiperconsciência.

Assim, encontramos o som em dois momentos importantes: primeiro, no ponto em que as distinções da consciência estão quase a emergir; segundo, no ponto em que estão perto de serem apagadas.[23] O território que fica além desses pontos é o mesmo: o incognoscível, que Jung e outros chamaram de inconsciente. A principal diferença entre consciência e falta de consciência ocorre entre diferenciação e não diferenciação. A consciência conhece distinções e, se evolução significa alguma coisa, pensamos que tais distinções vão ficando cada vez mais sutis; mas o inconsciente, como suas duas perfeitas metáforas, escuridão e água, não pode ser dividido. O som fornece, por seu ritmo e tempo, um meio de movimento de um estado para o outro, da consciência para a pré-consciência, com o longo tom unificado nos fazendo recuar e a abrupta explosão do som nos fazendo avançar. Em certo sentido, o som parece não pertencer a nenhum estado, mas, sim, flutuar no limite de cada um deles. Essa condição é lindamente dramatizada no mito de criação dos maniqueus. Como muitas outras religiões, o maniqueísmo reconhece as distinções da consciência por um dramático dualismo cósmico entre espírito e matéria, bem e mal, luz e trevas. De acordo com a própria descrição de Mani, quando o Homem Primordial foi capturado pelo poder do

---

22 Ibid., p.7.

23 Em certo sentido, isso tem paralelos com nossa experiência diária de acordar e dormir, em que o som também funciona no limite de ambos, precedendo e concluindo outra atividade sensorial.

28   R. MURRAY SCHAFER

Mal, Deus criou o Espírito Vivente e o enviou à fronteira da região das Trevas. Lá, ele soltou um grito penetrante que encontrou eco na ardente resposta do Homem Primordial. O chamado e a resposta tornaram-se duas divinas hipóstases, ou pessoas. O Espírito Vivente seguiu seu caminho até a região das Trevas e estendeu sua mão ao Homem Primordial, levantando-o, novamente, para a região da luz. Assim, o Homem Primordial tornou-se um modelo do aviltamento do homem e de sua salvação, isto é, da unidade fraturada e de sua restauração. O grito e a resposta sinalizam, dramaticamente, o limiar entre os dois estados.

As religiões monoteístas diferem das politeístas em sua concepção de um deus invisível. Tem-se argumentado que sua resistência tem sido fortalecida por esse meio; o que não pode ser visto, não pode ser derrubado ou subvertido. Mas preservar a fé num deus invisível nunca foi fácil, como claramente demonstram as experiências de Moisés com o povo de Israel. A única forma de fazer isso é reter Deus como uma vívida presença acústica. Deus, cuja voz foi retirada da criação após o desenvolvimento da consciência, continua a falar ao homem por meio do que poderia ser coloquialmente considerado um telefone divino. Habitualmente, Deus chama o homem durante o sono, isto é, quando sua resistência às pressões do inconsciente está em seu nível mais baixo. Foi dessa maneira que ele conversou com Abraão e Jacó: "Em sonhos, o anjo de Deus me chamou: 'Jacó!'. E eu respondi: 'Estou aqui!'" (Gênesis, 31:11).

Desde Freud, aprendemos a respeitar o sonho como portador de informações valiosas do inconsciente; ou melhor, reaprendemos a respeitá-lo por isso, pois, nos tempos antigos, ao sonho foram atribuídos profundos significados, e ainda é assim em algumas sociedades. Foram os empiristas que trivializaram o sonho, considerando a recepção de mensagens do além da consciência como ilógica e, portanto, irrelevante. Freud e seus seguidores devolveram ao sonho sua dignidade. Todavia, há um fato assustador nas interpretações de sonhos de Freud e sua escola: elas são sempre interpretações de conteúdos visuais. Será que o viés predominantemente visual da vida moderna torna os sonhos dos seres humanos contemporâneos

VOZES DA TIRANIA   **29**

preponderantemente visuais, ou será apenas que eles têm sido analisados majoritariamente dessa maneira? Minha suspeita é que nossos sonhos são, em grande parte, mais auditivos do que percebemos. Porém, pelo fato de nossas experiências auditivas não serem suscetíveis à análise, elas são "traduzidas" em termos visuais, nos relatos. Estou certo de que todos nós temos sonhos nos quais as experiências auditivas figuram de modo importante; o problema é descrevê-los com precisão suficiente para serem interpretados. O simbolismo aural é, também, um tema a que se tem dado pouca atenção, se comparado ao simbolismo visual, tal como tem sido desenvolvido por historiadores da arte e antropólogos.

Outro dia, estava conversando com uma jovem sobre este ensaio, e ela voluntariamente quis contar uma recente experiência de sonho, de caráter exclusivamente auditivo. Ela estava tentando solucionar um desentendimento em sua família, colocando juntos os tons; cada membro de sua família era um tom (ela negou enfaticamente que eles estivessem presentes visualmente em seu sonho) e ela procurava unir os tons, de modo a obter harmonia. É difícil saber como Freud ou Jung teriam interpretado tal sonho. Para começar, eles teriam de ter tido mais conhecimento de música do que aparentemente tinham.[24]

---

24 A interpretação dos sonhos de Miss Miller por Jung (vide seus *Símbolos de transformação*, v.5 das *Obras completas*) é um bom caso a respeito desse ponto. Muitos dos sonhos de Miss Miller eram de caráter acústico e incluíam um "Hino à Criação" que tem paralelos notáveis com os mitos que estivemos estudando.

Quando o Eterno, pela primeira vez, fez Som,
Uma miríade de ouvidos saltou para ouvir.
E por todo o Universo
Reverberou um eco profundo e claro:
"Toda glória ao Deus do Som!".

Jung não parece ter sido capaz de chegar a uma conclusão satisfatória a respeito desse sonho, e mais tarde, quando, em outro sonho, Miss Miller narrou "uma confusão de sons que, de algum modo pareciam soar 'wa-ma, wa-ma'", a conjetura de Jung foi de que "poderia, no contexto geral, ser considerado uma leve distorção do bem conhecido grito 'Ma-ma'", que ele considera, em um prefácio bastante arbitrário de dois capítulos de extensão, um complexo materno. Tal tema poderia, na verdade, ter sido importante nas fantasias de Miss Miller, e Jung poderia ter sido mais hábil para saber se de fato se tratava disso. O que

30   R. MURRAY SCHAFER

A psicanálise é, precisamente, o que ela diz ser e, como pesquisa analítica, funciona melhor se o material com que lida for de natureza visual, e possivelmente somente funciona por esse motivo.

A vasta maioria dos "grandes" sonhos da Bíblia é de natureza acústica; raramente eles descrevem cenas ou aparições. Naturalmente, a cultura da Bíblia era auditiva,[25] assim, poderíamos esperar que o sonhador fosse, também, auditivamente receptivo; mas há outra razão para o sonho auditivo ter precedência sobre o sonho visual. A elevada sensibilidade do estado de sonho constitui a melhor maneira de se voltar para o inconsciente, para receber a renovada e milagrosa vitalidade do *Ursound* – a voz criativa do Criador. O sonho bíblico é uma paisagem sonora preenchida com vozes – vozes suplicantes, vozes aconselhadoras, vozes zangadas.

Em seu irresistível livro *The Origin of Consciousness in the Breakdown of the Bicameral Mind* [A origem da consciência no colapso da mente bicameral][26] (Boston, 1977), Julian Jaynes argumenta que, antes da evolução da consciência, Deus (ou os deuses) tinha presença acústica direta na mente dos humanos, como uma voz, ou vozes, às quais o ouvinte obedecia cegamente. Porém, com o desenvolvimento da consciência, as vozes cessaram. As vozes se originavam no hemisfério direito do cérebro, oposto à área de Wernicke, que gera a fala

---

quero dizer é que outros temas, com os quais o psicanalista foi incapaz de lidar, também podem ter estado presentes.

25 Uma cultura auditiva é aquela na qual a maior parte das informações importantes é recebida pelos ouvidos. Isso é de difícil compreensão para uma cultura visual como a nossa. Mesmo ao ler documentos antigos, estamos sendo constantemente enganados pelos tradutores, que substituem metáforas e figuras visuais por aurais e figuras de linguagem. Um bom exemplo desse tipo de distorção a que me refiro é a seguinte passagem (Jeremias, 19:8), que a Bíblia do rei James apresenta com acurada ressonância acústica: "E eu devastarei esta cidade, e um silvo; cada um que passar por lá deve ficar assombrado e silvar por causa de todas pragas que há ali". A nova Bíblia Inglesa apresenta essa passagem de maneira inexata, como uma imagem visual: "Eu farei desta cidade uma cena de horror e desdém, de modo que todos que passarem por ela ficarão horrorizados e zombarão com desdém à vista de suas feridas".

26 Julian Jaynes, *The Origin of Consciousness in the Breakdown of the Bicameral Mind* (Boston, 1977). (N.T.)

VOZES DA TIRANIA **31**

normal, e eram transmitidas por meio da comissura anterior para o hemisfério esquerdo, ou dominante, onde eram interpretadas como mensagens divinas. Esse estado é chamado por Jaynes de mente bicameral. Quando esta atrofiou, as vozes que comandavam e protegiam cessaram, e o homem foi forçado a desenvolver a consciência para se proteger das situações emergenciais. Jaynes dá numerosos exemplos de fontes históricas (muitas delas do Oriente Médio) como suporte para sua tese, que tem sido merecidamente levada a sério. Com certeza ela é sustentada pela Bíblia, na qual descobrimos que, embora Deus e Adão conversassem constante e abertamente no Jardim do Éden, depois da Queda (consciência!), é mais frequentemente em sonhos (ou devaneios) que Deus fala com o homem. O Deus desses sonhos é sem forma. "Você não pode ver minha face", diz ele a Moisés, "pois o homem não pode me ver e viver" (Êxodo, 33:20).[27] A fórmula "Deus disse a Moisés", que é repetida por todo o Êxodo e reaparece no Levítico, é uma voz de telefone; ela não pode ser vista e não descreve nenhuma cena. Mas, durante esse período, aproximadamente em 1300 a.C., ocorre uma interessante transição na voz divina.

[...] estrondos de trovão nas montanhas e lampejos de relâmpagos [...] e um som forte de trombeta, e no acampamento todo o povo tremeu [...] e toda a montanha se sacudiu violentamente. Mais forte e mais forte se tornava o som da trombeta. Moisés falou e Deus lhe respondeu com estrondos de trovão [...]. (Êxodo, 19:16 ss.)

Nessa passagem se notará que, embora a voz de Deus seja audível a todos, ela é compreendida somente por Moisés. A interpretação das mensagens divinas é impossível sem a assistência do profeta.

"Fale você para nós", diziam eles a Moisés, "e nós o ouviremos, mas não deixe Deus falar conosco, ou morreremos". (Êxodo, 20:19)

---

27 A primeira afirmação (Êxodo, 33:11) na qual é dito "Jeová falaria com Moisés face a face, como um homem fala com Deus", é supostamente uma interpolação tardia. Em todo caso, é um exemplo isolado que é contradito por todos os outros relatos dos encontros de Moisés com Deus.

Esse é um padrão que tem paralelos em toda literatura profética; está presente no zoroastrismo, no maometismo (incluindo o sufismo) e no maniqueísmo, bem como no judaísmo e, mais tarde, no cristianismo. No zoroastrismo, o alto sacerdote é chamado *Srosh*, que significa "o gênio da escuta"; é ele quem ouve as palavras divinas e as transmite aos seguidores. A comunidade maniqueísta era dividida em "escolhidos", que eram os sacerdotes, e os "ouvintes", a quem aqueles explicavam os dogmas. Ouvir é uma experiência importante também no sufismo. *Sāma* é a palavra sufi para escuta. Mas como o poeta Saadi diz:

> Não direi, meus irmãos, o que é *sāma*,
> Antes de saber quem é o ouvinte.

A faculdade da clariaudiência (se eu puder ampliar esse termo e aplicá-lo à escuta das vozes divinas) era, então, algo que se afastava da maior parte dos homens e permaneceu apenas com alguns poucos espíritos proféticos durante o tempo em que Jaynes identificou como a aurora da consciência, e que ele situa há mais ou menos três mil anos. Simultaneamente à remoção do som divino, detectamos a transformação do som-imagem, que antes estava associado ao vento e à água e, depois, passou a ser associado ao fogo. Deus primeiramente chama Moisés da sarça ardente. "Não chegue mais perto", adverte. "Com isso, Moisés cobriu sua face, com medo de olhar para Deus" (Êxodo, 3:5-6). Há uma grande quantidade de tensão aqui, mais do que nos encontros anteriores com Deus. Embora o medo pudesse ter sido causado igualmente pela voz-água (os hebreus tinham um medo profundo da água), desse ponto em diante, na Bíblia, a voz-fogo passa a ocorrer com maior frequência do que qualquer outra.

> Saía fogo de suas narinas e fogo de sua boca. (Samuel, 22:9)

> A voz do Senhor espalhava chamas de fogo. (Salmo, 29:7)

VOZES DA TIRANIA   **33**

O nome do Senhor vem de longe, queimando com sua ira [...],
seus lábios estão cheios de indignação e sua língua é um fogo devorador. (Isaías, 30:27)

Não é minha palavra como um fogo? (Jeremias, 23:29)

A voz de fogo foi passada para os apóstolos, ocasionando sua
glossolalia:

E apareceram para eles línguas fendidas como as de fogo, e se
puseram sobre cada um deles. E eles foram todos preenchidos pelo
Espírito Santo e começaram a falar em outras línguas, enquanto o
Espírito lhes dava o dom da palavra. (Atos, 2:3-4)

A associação entre boca, fogo e fala é forte também nas linguagens coloquiais. Uma pessoa pode ficar "queimada", ou "infla-
mada", acerca de algum assunto e fazer um discurso "inflamado"
a esse respeito. Na Bíblia, fogo é repetidamente modificado pelos
qualificativos "devorador" ou "consumidor", lembrando-nos, de
novo, da boca. Mas o símbolo-fogo é sempre de extremo pânico.
Mais imediato do que a água, é mais adequado à comunicação
urgente. Como todas as metáforas para a voz de Deus são feitas
pelo homem, é adequado ponderar a respeito da razão dessa transição da voz-água para a voz-fogo que, penso eu, não é adequadamente explicada pelo argumento de que os hebreus não eram um
povo marítimo. Se fosse meramente uma questão de ambiente, o
vento poderia ter sobrevivido como uma voz adequada do deserto.
Poderia ser que uma imagem mais urgente fosse necessária, em uma
desesperada tentativa final de evocar uma deidade cuja voz estivesse
se afastando do homem?

Com o tempo, a voz dissipou-se inteiramente, deixando um
deus silencioso e uma religião enfraquecida. Por séculos o homem
tentou restabelecer o diálogo por meio do canto vigoroso e do toque
dos sinos, mas, se Deus respondeu, foi no silêncio da consciência, e não em vívidas demonstrações externas. Todavia, tudo no
dogma cristão encoraja o ser humano a manter os ouvidos abertos,

na esperança de que a divina voz possa ser ouvida novamente. Ouvir é a ação primária da adoração. Os olhos ficam fechados na oração, que é feita em voz alta. O sacerdote lê as palavras de Deus e o coro as canta. O sino do altar fala para a presença do Espírito Santo, enquanto o órgão trovejante relembra a teofania que sacudiu a terra no monte Sinai.

Tudo isso seria ridículo, não fosse por um motivo: a memória do *Ursound* (Som Original). De algum modo, retemos um débil traço de memória acústica, da presença ordenada e criativa de Deus, muito embora não possamos entendê-la completamente. Os elementos estão lá: vento, água, fogo, trovão, música e a voz – mas isso é tudo o que conhecemos.

É o bastante. Pois ambos, Deus e som, são incognoscíveis. Se Deus nunca pode ser pesado ou medido ou verificado de qualquer maneira, o mesmo pode ser dito do som. Um Deus visual está localizado no espaço, visto de algum ângulo. Mas um Deus acústico está em todo lugar. É por isso que as metáforas originais foram tão perfeitamente escolhidas. Água – em uma paisagem aquática, tudo está em movimento; ouvir e tocar são as sensações dominantes, e a visão praticamente não tem serventia. Vento – Deus é um espírito-respiração invisível; o vento é ouvido, mas nunca foi visto. Na língua dos sumérios, *"lil"* significa vento e respiração, assim como *"ruah"* em hebraico e *"pneuma"* em grego. Trevas – nas trevas, nada é localizado, nada tem valor preciso, fazendo o ouvinte pender sem limites para todas as direções. A escuridão pertence exclusivamente ao ouvido. Luz é o símbolo do conhecimento e da ordem, e essa é a razão pela qual as deidades solares dominaram depois da evolução da consciência; mas as trevas, como o vento, a água e o fogo, são a "realidade instável e prenhe" da qual a criação emerge.

O som é a primeira força. Fazer som é participar da urgência inconsciente original para modelá-la com a voz. O método mais rápido para iniciar uma ação é, ainda, a fala, que é instintiva e imediata. Com frequência, ela é imprevisível. Sempre precede a visão. Quando a visão ocorre, a fala já terminou, como já deixou claro nossa pesquisa de mitos cosmogônicos.

O deus acústico modela; o deus visual analisa. A experiência visual é sempre focalizada e reflexiva, o que a torna verificável, de uma maneira que o som não é. Tememos ter pedido essa força divina. Desesperadamente, distorcemos tudo, com a esperança de que, consertando-se a vida pela inspeção, ela retornará. Mas a força movente persiste, ainda que evasiva. Para encontrá-la, precisamos voltar às águas do instinto e à unidade inquebrantável do inconsciente, deixando as longas ondas do Som Original nos arrastarem para baixo da superfície, onde, ouvindo cegamente os nossos ancestrais e as criaturas selvagens, a sentiremos ressurgir dentro de nós, em nossa fala e em nossa música.

2
ESPAÇO ACÚSTICO

Que eu saiba, os primeiros acadêmicos a usar o termo "espaço acústico" foram Marshall McLuhan e Edmund Carpenter, na revista *Explorations*, entre 1953 e 1959. Nela, McLuhan escreveu:

Antes da invenção da escrita, vivíamos no espaço acústico, onde o esquimó vive agora: sem limites, sem direção, sem horizonte, o escuro da mente, o mundo das emoções, intuição primordial, terror. A fala é um mapa social desse pântano escuro.

A fala estrutura o abismo entre espaço mental e acústico, ocultando a voz; é uma arquitetura cósmica, invisível, da escuridão humana. Fale, e então poderei ver você.

A escrita girou o holofote para as altas e escuras cordilheiras da fala; a escrita foi a visualização do espaço acústico. Iluminou a escuridão.[1]

Essa afirmação permeia tudo o que McLuhan escreveu desde *A Galáxia Gutenberg*. Para McLuhan, o mundo elétrico era auditivo; ele nos levou de volta para dentro do espaço acústico da cultura

---

1 Marshall McLuhan; Edmund Carpenter (Eds.), *Explorations in Communication* (Boston, 1960), p.207.

38 R. MURRAY SCHAFER

pré-letrada. Carpenter discorreu sobre o tema em *Eskimo Realities* [Realidades esquimós], em que o espaço auditivo é empregado como um termo intercambiável:

> O espaço auditivo não favoreceu o foco. É uma esfera sem limites fixos, espaço feito pela própria coisa, não espaço que contém a coisa. Não é espaço pictórico, em quadros, mas dinâmico, sempre em fluxo, criando suas próprias dimensões a cada momento. Não tem limites fixos; é indiferente ao fundo. O olho focaliza, aponta, abstrai e localiza cada objeto no espaço físico, contra um fundo; no entanto, o ouvido acolhe o som de qualquer direção [...]. Não conheço nenhum exemplo de esquimós descrevendo o espaço em termos predominantemente visuais.[2]

Apesar da paixão de McLuhan e Carpenter por esse conceito, o espaço acústico não atraiu atenção crítica até a criação do projeto Paisagem Sonora Mundial, na Universidade Simon Fraser, em 1970. Ali, a intenção era estudar todos os aspectos da paisagem sonora em mudança, para determinar como eles poderiam afetar o pensamento e as atividades sociais das pessoas. O objetivo final do projeto era criar uma nova arte e ciência do design da paisagem sonora, que complementasse as de outras disciplinas que lidavam com aspectos do ambiente visual.[3]

---

2 Edmund Carpenter, *Eskimo Realities* (Nova York, 1973), p.35-7.
3 As publicações do projeto Paisagem Sonora Mundial [The World Soundscape Project] incluem: *A afinação do mundo*, de R. Murray Schafer (São Paulo, 2001); R. Murray Schafer (Ed.), *The Vancouver Soundscape* (Vancouver, 1978, livro e duas cassetes); R. Murray Schafer (Ed.), *Five Village Soundscapes* (Vancouver, 1977, livro e cinco cassetes); R. Murray Schafer (Ed.), *European Sound Diary* (Vancouver, 1977), Barry Truax (Ed.), *Handbook for Acoustic Ecology* (Vancouver, 1978). Ver, também, *Sound Heritage*, v.III, n.4, (Victoria, 1974), dedicado à discussão do projeto Paisagem Sonora Mundial; *The UNESCO Courrier*, nov. 1976, dedicado a artigos sobre paisagens sonoras; e Keiko Torigoe, *A Study of the World Soundscape Project* (dissertação de mestrado, York University, Toronto, 1982).

VOZES DA TIRANIA **39**

Qualquer um que tenha tentado aprimorar um novo conceito para apresentá-lo ao público sabe quão essencial é encontrar as palavras corretas para descrevê-lo.[4] "Espaço acústico" era também um termo incômodo demais para ter dado fama a seu inventor. Uma razão para isso talvez seja seu hibridismo, que o marca como transitório, preso entre duas culturas. A fixidez do nome "espaço" precisa de algo mais do que a aplicação de um modificador que passe a ideia de algo agitado e vagamente compreendido, como "acústico", para sugerir a transição da cultura visual para a auditiva, da forma como a percebia McLuhan. Tampouco é fácil submeter a cultura auditiva à mesma análise sistemática que tem caracterizado o pensamento visual. O mundo do som é primordialmente sensitivo, e não reflexivo. É um mundo de atividades, não de artefatos, e quando alguém escreve a respeito do som ou tenta grafá-lo, geralmente o faz a partir de sua realidade essencial, de modo inadequado. Lembro-me de uma vez em que participei de uma conferência de engenheiros acústicos na qual, durante muitos dias, vi slides e ouvi palestras a respeito do ruído de aeronaves, sem nenhuma vez ter ouvido o ruído sônico que era o objeto da conferência. Essa falta de contato ainda é característica de grande parte das pesquisas sobre som, e um dos objetivos deste ensaio é mostrar a extensão em que considerações a respeito do espaço, o elemento estático no título deste ensaio, têm afetado o elemento ativo, o som.

Quando alguém tenta conceituar espaço acústico pela primeira vez, a figura geométrica que mais facilmente vem à mente é a esfera, como Carpenter mencionou anteriormente. Poder-se-ia, então, argumentar que um som, propagado com igual intensidade para

---

4 Um bom exemplo é a tradução da palavra "*soundscape*". A tradução francesa, *le paysage sonore*, causou pouca dificuldade e é hoje amplamente empregada. Os poloneses a traduziram como *sonosfera* e de pronto entenderam o que ela significa. Porém, quando a palavra foi originalmente traduzida para o alemão como *Schallwelt*, teve pouco impacto. *Klanglandschaft* também foi empregada, e quando *A afinação do mundo* foi traduzido, *soundscape* tornou-se *Lautsphäre*. Nenhum desses termos parece aceitável para a mente alemã e, como consequência, há pouco interesse sobre o tema em países de fala alemã.

40 R. MURRAY SCHAFER

todas as direções ao mesmo tempo, preencheria mais ou menos um volume com essa descrição, enfraquecendo em direção ao perímetro, até desaparecer em um ponto que poderia ser chamado de horizonte acústico. Fica imediatamente claro quantas metáforas espaciais precisamos usar para preencher essa noção. É um modelo hipotético em todos os sentidos. Na realidade, o que acontece é que o som, por ser mais misterioso do que os cientistas gostariam de acreditar, habita o espaço de forma bastante errática e enigmática. Em primeiro lugar, a maior parte dos sons não é transmitida em todas as direções, mas numa só, de modo que a emissão na direção projetada é mais acidental do que intencional. Assim, como há, em geral, menos preocupação com a transmissão de sons por meio sólido do que pelo ar, o modelo deveria ser corrigido para se parecer mais com o hemisfério acima do nível do chão. A experiência mostra que esse hemisfério é distorcido de diferentes maneiras, como resultado da refração, difração, difusão e outras condições ambientais. Obstruções, como edifícios, montanhas e árvores, causam reverberações, ecos e "sombras". De fato, o perfil de qualquer som a ser considerado será totalmente único, e o conhecimento das leis da acústica é provavelmente menos efetivo para explicar seu comportamento do que para confundi-lo. Finalmente, e mais importante, assume-se que a esfera descrita seja preenchida por *apenas um som*. Isso significa que uma esfera sonora preenchida é um espaço dominado.

O conceito de esfera pode ter se originado na religião. É nas religiões, particularmente naquelas que reforçam um universo harmonioso regulado por uma deidade benevolente, que o círculo e a esfera foram venerados acima de todas as outras figuras. Isso está claro na *Harmonia das esferas*, de Boecio, nos círculos do paraíso de Dante e nas mandalas, que servem como *yantras* em inúmeras religiões orientais. Não me deterei nesse simbolismo que, como explicou Jung, parece sugerir completude, unidade ou perfeição. Os recursos sonoros utilizados em cultos religiosos, como o Keisu ou Keeysee no Japão e em Burma, os gongos dos templos da Índia e do Tibete e o sino de igreja do mundo ocidental, todos eles retêm algo do círculo

VOZES DA TIRANIA   41

em suas formas físicas e, por extensão, seu som pode evocar uma forma semelhante.[5]

Essa circularidade é, de certo modo, literalmente verdadeira no que se refere ao sino de igreja, que define a paróquia por seu perfil acústico. A vantagem do sino sobre os sinais visuais, como os relógios e torres, é que ele não é restringido pelos obstáculos geográficos e pode se anunciar tanto de dia quanto de noite. Em um dos estudos do projeto Paisagem Sonora, estabeleceu-se que um sino de igreja de um vilarejo na Suécia podia ser ouvido em um diâmetro de quinze quilômetros, e não há dúvida de que, antigamente, por haver um ambiente rural muito mais silencioso, esse tipo de alcance era geral para toda a cristandade.[6] No final da Idade Média, os arcos intersecionados e circunjacentes dos sinos das paróquias muito literalmente puxavam toda a comunidade pelas orelhas; assim, quando Martinho Lutero escreveu que todo europeu nascera dentro do cristianismo, ele estava meramente endossando uma circunstância que, em seu tempo, era inevitável. Aqueles que podiam ouvir os sinos estavam na paróquia, aqueles que não podiam, estavam na selva.

O mesmo ocorreu no islã, que se centrou no minarete, do qual a voz do muezim, frequentemente cego, podia ser ouvida chamando para a prece. Para ampliar a área sonora, ou mantê-la contra a perturbação crescente, o islã adotou por fim o alto-falante, que pode ser visto hoje em todo o Oriente Médio, pendurados de forma incongruente nas torres crivadas de mosaicos, atroando sobre o perpétuo congestionamento do tráfego. Como o islã, o cristianismo foi uma religião militante e, à medida que se fortaleceu, seus sinos tornaram-se maiores e mais dominantes (o maior deles, na catedral de Salzburgo, pesa catorze toneladas), respondendo às suas aspirações imperialistas pelo poder social. Não pode haver dúvida de que

---

5 Proust descreveu o som do sino como "oval". Alguns anos atrás, quando tive um grupo de estudantes que desenhava espontaneamente a partir de sons tocados numa cassete, o sino foi um dos sons que mais evocaram a circularidade. O outro som era o do ar-condicionado. Ver R. Murray Schafer, *The Music of Environment* (Viena, 1973), p.21.

6 Ver *European Sound Diary*, p.16.

42   R. MURRAY SCHAFER

os sinos foram os sons mais fortes ouvidos nas cidades europeias e norte-americanas, até que os apitos de fábrica da revolução industrial se elevaram para desafiá-los. Então, um novo perfil incidiu sobre a comunidade, soando nos chalés dos trabalhadores, com um som mais sombrio.

Voltando à definição de espaço acústico de Carpenter, como "uma esfera sem limites fixos, espaço feito pela própria coisa, não espaço que contém a coisa", nota-se que o espaço acústico aqui (que pode ou não se parecer com uma esfera) tem limites fixos e, na verdade, contém alguma coisa. Ele contém um proprietário que mantém a autoridade pelo insistente som de alto perfil. A noção de que o espaço pode ser controlado pelo som e ampliado pelo aumento da intensidade sonora parece ser exclusivamente ocidental, pois creio que quase não há exemplos disso em outras culturas ou na Antiguidade. Antes que se argumente que os sinos dos templos budistas produzem um efeito similar, esclareço que o sino budista é percutido com uma baqueta de madeira abafada, e não com baquetas de metal, o que aprofunda o som, dando-lhe, talvez, o efeito de "originar-se de um poço", que é como Sei Shonagon o descreve em seu *The Pillow Book* [O livro do travesseiro].[7] Esse abafamento também é evidente na linguagem. Em cingalês, por exemplo, o sino budista é chamado *gahatáwa*, enquanto o sino cristão, mais perfurante, é chamado *sínãwa*.

É verdade que, em praticamente todas as culturas, exercícios religiosos tendem a ser sonoros, e muitos deles são as demonstrações mais barulhentas experimentadas pela sociedade. Qualquer que seja o meio – ossos sagrados, chocalhos, sinos ou vozes –, é quase como se o homem estivesse tentando atingir o ouvido de Deus para fazê-lo ouvir. Mas são as duas religiões mais prosélitas, o cristianismo e o islamismo, que têm mostrado o maior desejo de aumentar a produção de som de seus sinais acústicos, reforçando a ideia de que não há espaço privado no mundo de Deus. Esse ponto introduz uma noção, a qual chamo de Ruído Sagrado, que é especial, pois, diferentemente

---

7 Sei Shonagon, *The Pillow Book*, trad. Ivan Morris (Nova York, 1967).

Figura 2
O cristianismo é uma religião militante e, ao longo da história, as fundições convertiam canhões em sinos, e vice-versa.

Fonte: *The Wood Engravings of Winslow Homer*, Nova York, 1969.

44 R. MURRAY SCHAFER

de outros ruídos, que podem dar causa à instauração de processos, seu proprietário tem permissão para fazer *o ruído mais forte, sem censura*.[8] O Ruído Sagrado originou-se em um tempo em que o mundo profano era silencioso, e o mundo religioso, barulhento. Nas comunidades cristãs, o soar dos sinos era aumentado dentro da igreja por vozes ampliadas em canção, frequentemente acompanhadas por instrumentos (sendo o órgão a máquina de som mais forte produzida em todos os lugares, antes da revolução industrial). Tanto dentro quanto fora, a igreja produzia os níveis de som mais altos que os cidadãos experimentavam, com exceção dos da guerra. E ninguém nunca denunciou a igreja por perturbar a paz.

Com a deflagração da revolução industrial, o Ruído Sagrado passou para as mãos de novos guardiões. Então foi a vez dos proprietários de fábricas estabelecerem sua autoridade social, ensurdecendo a sociedade. Foi somente depois da diminuição de seu poder como força social que o Ruído Sagrado se tornou comum e sujeito a críticas, como qualquer outro ruído. Hoje a igreja é fraca; assim, seus sinos podem ser criticados. Muitas comunidades em toda a Europa e América do Norte recentemente promulgaram legislação antirruído, para restringir o toque de sinos. Do mesmo modo, ao mesmo tempo que os industriais eram duramente criticados, os higienistas auditivos protestavam nas fábricas, embora os deletérios efeitos da doença de caldeireiro fossem conhecidos desde o advento da revolução industrial. A sociedade pluralística de hoje trouxe muitos concorrentes inéditos para o Ruído Sagrado, entre eles o setor aeronáutico, a indústria da música pop e a polícia. Aqui estão pelo menos três núcleos de poder social, todos com permissão para celebrar a própria presença, sem censura, com armas ensurdecedoras.

Outro concorrente é a emissora de rádio da comunidade, talvez não em termos de intensidade, mas pela sua prepotente insistência em estar presente a todo momento e em todos os lugares. Uma vez que tanto a frequência quanto a potência, bem como a direção de transmissão, de uma emissora de rádio são regidas por regulamentos,

---

8 Ver *A afinação do mundo*, Unesp, 2001, p.82-3, 113-4, 166-7, 252, 257.

VOZES DA TIRANIA **45**

é possível testemunhar, nos gráficos preparados pelas autoridades de transmissão, o mais recente modelo de unificação de uma comunidade pelo som.[9] Há uma tendência em se considerar o rádio como um meio internacional para obter e compilar informações de todo o mundo. É claro que esse é exatamente o seu potencial, mas, na prática, isso é pouco compreendido. Na maior parte das vezes, o rádio age como um ímã, em que os comerciais e anúncios atraem os ouvintes da periferia da comunidade para o centro.

A conquista territorial do espaço pelo som é a expressão do pensamento visual, e não do auditivo. Assim, o som é utilizado para demarcar propriedades, como uma cerca ou muro. Ele deriva da forma determinada da percepção visual. Para os olhos, a maior parte dos objetos é limitada externamente, como uma cadeira ou uma árvore, ou internamente, como uma sala ou um túnel. Nossa ciência física não apenas nos dá a noção de forma limitada (relacionada com pesos e medidas), mas também contribui para o estabelecimento da propriedade privada e, por extensão, do diário íntimo e da conta bancária de cada um. Uma vez que a linha limitadora se torna uma forte distinção perceptual, o mundo todo começa a tomar a forma de uma sucessão de espaços à espera de serem preenchidos por assuntos, ou despedaçados por vetores. Obviamente, esse modelo funciona melhor onde os sujeitos podem ser delimitados de forma física (como as terras de caça do rei) ou mental (como os departamentos universitários). Quando a divisão em componentes visuais deixa de ser possível, o som é compelido a auxiliar na demarcação, e essa é a razão pela qual as paróquias podem ser consideradas torres com sinos, e as fábricas, favelas com apitos.

O único lugar em que o som pode ser naturalmente limitado é o espaço interior, a caverna, que se expandiu, por um plano deliberado, para a cripta, a abóboda, o templo e a catedral. A sensação mágica de espaço contínuo preenchido por som apenas é possível depois que o homem se muda para o interior e começa, deliberadamente, a

---

9 Para mais informações sobre o perfil sonoro das emissoras de rádio de Vancouver, ver *The Vancouver Soundscape*, p.40.

46 R. MURRAY SCHAFER

modelar seus edifícios, para obter essa sensação. Então, as frequências ressonantes são utilizadas como amplificadores naturais, para reforçar os tons fundamentais, e materiais altamente reflexivos são buscados para estender o tempo de reverberação, dando ao som um caráter numinoso e uma amplificação muito diferentes de qualquer coisa possível *en plein air*. A retórica falada procura a vogal longa, originando, por exemplo, o canto gregoriano. Nos espaços uniformes e contínuos do *hall* reverberante, ou da igreja de pedra, todos se harmonizam, como executantes ou ouvintes. Um evento sonoro é feito para seguir outro, em continuidade ressonante e sem interrupção. Todos os sons contraditórios podem, por fim, ser empurrados porta afora, para a obscuridade. Quando Giedion diz: "isso é o que se respira nas salas medievais, quietude e contemplação", ele negligencia a incrível ressonância do claustro ou do salão nobre, parcimoniosamente mobiliados, algo totalmente impossível de se obter no desordenado e protegido interior moderno; e de como o eco dessas salas antigas fortalecia a voz enquanto se lia em voz alta, se cantava ou se davam ordens.[10] O que Giedion desprezou, McLuhan escutou e sentiu como "um espaço medieval mobiliado, quando vazio, por causa de propriedades acústicas".[11] Os espaços medievais eram concebidos como oratórios. Até mesmo a disposição de estátuas nesses locais era determinada de tal modo que, se elas pudessem falar, seriam perfeitamente ouvidas. A diminuição da retórica no mundo moderno pode ser atribuída em parte ao estofamento excessivo, que diminui os prazeres da fala eloquente, assim como da alegria de cantar. Quando os historiadores da arquitetura começarem a perceber que a maior parte dos edifícios antigos era construída não tanto para fechar espaços, mas para venerar o som, uma nova era se abrirá para esse tema. Esse modelo é verdadeiro tanto para a arquitetura bizantina e islâmica quanto para a europeia.

Cultivada nos interiores, a noção de espaço preenchido por sons contínuos voltou-se, mais tarde, para a paisagem sonora externa,

---

10 S. Giedion, *Mechanization Takes Command* (Nova York, 1970), p.302.

11 Comunicação pessoal, 16 dez. 1974.

VOZES DA TIRANIA   **47**

primeiro nos sinos da igreja, depois nos apitos de fábrica e, então, nas emissoras de rádio, cada um, por sua vez, imprimindo[12] seu comando no mundo externo, a partir de um centro de força interno.[13]

Se o espaço interior aguarda silenciosamente para ser preenchido com seus eventos sonoros destinados e não contraditórios, o espaço exterior é pleno e nunca pode ser esvaziado ou silenciado. Na natureza, sempre há alguma coisa soando. Além disso, os ritmos e contrapontos desses sons interagem em diálogo; eles nunca monologam. Quem será o próximo a falar? Os sapos podem começar, as andorinhas chegam, os gansos talvez voem, cachorros que estão longe podem latir para a lua, ou para os lobos. Essa é a paisagem sonora da minha fazenda, onde a orquestração muda a cada estação do ano, a cada hora. Tudo que posso fazer é ouvir e tentar ler os padrões, que é exatamente o que as pessoas que vivem no ambiente externo têm feito por séculos. A influência dos sons no calendário agrário tem sido registrada desde a época de Hesíodo.

O que atualmente é verdade a respeito das pessoas que vivem ao ar livre era ainda mais verdadeiro nas sociedades primitivas do passado. Na sociedade totêmica, os sons da natureza adquiriam um significado ampliado, como as vozes dos espíritos bons e maus, cuja interação contínua desenhava a rota do mundo. Toda natureza ressoava com esses espíritos e tudo na natureza tinha sua voz real ou implícita, posta ali com algum propósito pelos deuses totêmicos. De fato, a voz de cada objeto era sua última força indestrutível. Do mesmo modo que a alma do homem era frequentemente considerada sua voz, que teria escapado dele por ocasião de sua morte, sob a forma de um chocalho de morte, também assim os sons dos objetos

---

12 No original, *"stencilling"*. A palavra refere-se a um design de decoração. Provavelmente, o autor usa o vocábulo para referir-se ao som do sino da igreja, do apito da fábrica e da estação de rádio que "decoram" o ambiente, imprimindo seu "design" na paisagem sonora. (N.T.)

13 No original, *"from a swivelmoored internal power centre"*. É provável que o autor empregue o vocábulo de maneira simbólica, para referir-se a uma conexão entre duas coisas diferentes – uma espécie de adaptador – que, mesmo unidas, não perdem suas características; continuam as mesmas. Nesse caso, tratar-se-ia da conexão entre as paisagens sonoras interna e externa. (N.T.)

48   R. MURRAY SCHAFER

naturais vinham e partiam misteriosamente da paisagem sonora. Mas, quando estavam quietos, ainda assim se considerava que estavam presentes. Estavam meramente ouvindo os sons de outros espíritos, para aprender os seus segredos. "O terror é o estado normal de qualquer sociedade oral, pois nela, tudo afeta tudo, o tempo todo."[14] Como um animal com as orelhas em pé, o homem se encontrou em um mundo de estranhas e súbitas vozes. Os espíritos habitavam o vento, ou os gritos de pássaros e insetos. Até mesmo as pedras podiam falar.[15] Quem eram seus amigos? Quem eram seus inimigos? E como podia ele exorcizar aqueles que exerciam poderes malignos sobre ele? Ele ouvia e imitava. Com base na lógica homeopática de que qualquer um que consegue imitar o som específico de um objeto possui a energia mágica de tal objeto, o homem primitivo cultivava sua vocalização e sua música, para influenciar a natureza em seu próprio benefício. Marius Schneider escreve:

Pela imitação sonora, o próprio mágico pode, assim, tornar-se mestre das energias do crescimento, da purificação ou da música, sem ser ele mesmo uma planta, água ou melodia. Sua arte consiste, em primeiro lugar, de localizar o objeto que soa e, então, harmonizar-se com ele pela tentativa de alcançar a nota correta, isto é, a nota específica daquele objeto.[16]

Muito se tem escrito a respeito de como o dançarino, ao vestir a máscara, torna-se a coisa que ele representa, tomando posse de seu espírito, ou permitindo que este o possua. Esse fato é igualmente verdadeiro no caso da possessão pelo som, e, provavelmente, mais ainda na sociedade auditiva. Hoje, essa possessão sobrevive debilmente na onomatopeia de nossa fala, mas, com mais força em nossa

---

14 Marshall McLuhan, *The Gutenberg Galaxy* (Toronto, 1962), p.32.
15 Para exemplos de espíritos falantes na natureza, ver outra fonte: Elizabeth Clark, *Indian Legends of Canada* (Toronto, 1960).
16 Marius Schneider, Primitive Music, in: *The Oxford History of Music* (Londres, 1957), p.44.

VOZES DA TIRANIA   **49**

criação de música, que é a última transcendência do espaço pelo som. Pois a música, ao libertar-se inteiramente dos objetos, move--nos para muito além de nós mesmos e da ordinária geometria euclidiana de ruas e arranha-céus, paredes e mapas. É a última espécie de som que realmente ouvimos, a última à qual demos permissão para nos possuir, embora a maior parte dela, hoje, esteja fundida com uniformidade e imperialismo. A amplificação pesada do rock tem mais em comum com o perfil de ruído da tecnologia pesada, ao sustentar a força do imperialismo ocidental, do que com as sutis diversões musicais praticadas pelas culturas auditivas. O etnomusicólogo poderia nos fornecer muitos exemplos úteis para dar suporte a essa distinção. Steven Feld, por exemplo, conta-nos como os homens da tribo Kaluli, ao imitar pássaros, muito deliberadamente deixam de sincronizar seus tambores, pois os pássaros nunca cantam em uníssono.[17] O *aperçu* de que o som do mundo possui um milhão de centros não sincronizados ilustra a consciência que estou tentando descrever.

Além da área habitada no momento, a apreensão espacial por povos não letrados é vaga em todos os lugares, pois tudo o que há sobre a montanha ou além da floresta está escondido. Aqui, o som se torna luz, revelando o escondido. A catarata, rio abaixo, é ouvida pelos canoeiros antes de ser vista, como ocorre repetidamente nas *Leatherstocking Tales* de James Fenimore Cooper.[18] A trompa é a única linha reta na floresta. Notícias do mundo distante são recebidas por um mensageiro, que frequentemente anuncia sua chegada por meio de sons especiais, por exemplo, as buzinas das antigas carruagens postais, ou os sinos usados pelos corredores de Kublai Khan.[19] No campo, qualquer invasão por um estranho é rastreada por cães que ladram. Assim era nos dias de *Kalevala*, e assim permanece hoje.

---

17 Comunicação pessoal. Para aprofundar-se nesse tema, ver: Steven Feld, *Sound and Sentiment: Birds Weeping, Poetics and Song in Kaluli Expression* (Filadélfia, 1982).

18 Série de cinco romances ambientados no século XVIII, dos quais um é *O último dos moicanos*. (N.T.)

19 Marco Polo, *Travels* (Atlanta, 1948), p.154.

50 R. MURRAY SCHAFER

Ainda os cães do castelo latiam,
E ainda latiam os cães do quintal,
E os furiosos cãezinhos uivavam,
E uivava o cão de guarda da ilha,
Sentado nos campos de milho mais distantes,
E seu rabo balançava energicamente.
Então o Mestre de Pohja disse outra vez,
"o cão não está ladrando por nada.
Ele nunca late à toa,
Nunca rosna para os pinheiros".
Assim, ele foi reconhecer [...][20]

Onde a geografia era impenetrável ou era necessário ter muita velocidade, as mensagens eram enviadas a longa distância, em código. Pense nos tambores falantes da África, ou nas comunicações por trombeta entre exércitos. Quando Rolando colocou seu Olifante nos lábios, "o som ecoou por trinta grandes léguas".[21] Os tocadores de trompa suíços, dos Alpes, ainda conversam por sobre milhas de vales silenciosos. No Oriente Médio eram os grandes tambores de cobre que soavam pelos *chaouches*. Os sinos contam aos pastores e vaqueiros a localização e as condições de suas ovelhas e vacas, e caravanas silenciosas ainda sinalizam seu avanço do mesmo modo.

Da escuridão, ouve-se o distante soar do sino pesado. Com lamentos e perfeita regularidade de iteração, ele soa, cada vez mais próximo e mais forte e, talvez, misturando-se com os tons dos sinos menores, que sinalizam a retaguarda da mesma caravana. O sino grande é a única insígnia e alarme do camelo que lidera. Mas, à medida que o som se torna mais próximo e mais forte, nenhum outro som nem objeto visível parecem acompanhá-lo. Subitamente, sem qualquer aviso, surge da escuridão, como a aparição de um navio

---

20 *Kalevala*, Runo XVIII, linhas 525-35, trad. W. F. Kirby (Londres, 1907), p.206.
21 Aproximadamente noventa milhas! *A canção de Rolando*, trad. Dorothy L. Sayers (Harmondsworth, Middlesex, 1971), p.119.

VOZES DA TIRANIA **51**

fantasma, a forma do capitão da caravana. Suas passadas macias soam com suavidade na areia lisa e, como uma grande corrente de espíritos macabros conectados, a procissão silenciosa se aproxima e é tragada pela noite.[22]

Os aborígenes da Austrália praticavam a arte de ouvir pelo chão para perceber a chegada de invasores, do mesmo modo como costumávamos ouvir, nos trilhos, se o trem estava chegando. Um caçador indígena conta como segue a trilha de um alce:

> Ele está fora do alcance da visão, mas encosto minha orelha em uma árvore na floresta, e isso me traz o som, e ouço quando o alce dá seu próximo salto, e sigo [...] sigo sempre, ouvindo, agora, com minha orelha encostada na árvore.[23]

Hoje, nos esquecemos de como ouvir a terra, mas isso, antigamente, era bastante praticado. Em 17 de junho de 1776, um escravo ouviu, encostando sua orelha no chão, a Batalha de Bunker Hill a uma distância de 129 milhas.[24] O homem auditivo aprende que o mundo além de sua visão é entrecruzado com pistas de informações. Onde vivo, por exemplo, um caçador em uma trilha pode dizer, com base nos latidos de seu cão, se este está perseguindo um veado ou um coelho; o veado corre em linha reta, e o coelho, em círculo.

Nas culturas aurais, a posição correta para um assentamento geralmente depende da escuta adequada dos sinais de advertência. Quando os índios do Canadá eram numerosos e ameaçadores, os campos preparados pelos primeiros colonos brancos ao longo do

---

22 Lord Curzon, *Persia and the Persian Question* (Londres, 1892), v.I, p.275.

23 Hunting the Moose (contado por Big Thunder). In: Natalie Curtis, *The Indians' Book* (Nova York, 1987), p.11.

24 Gravado em C. C. Bombaugh, *Oddities and Curiosities* (Nova Yoyrk, 1961), p.280. A mesma fonte registra que canhões disparados em Estocolmo, em 1685, para anunciar uma morte na família real, eram ouvidos a uma distância de 180 milhas, e que o canhoneio de uma batalha entre Inglaterra e Holanda, em 1672, foi ouvido em Shrewsbury e no País de Gales, a uma distância de cerca de duzentas milhas do lugar em que ocorreu.

52 R. MURRAY SCHAFER

rio São Lourenço eram estreitos, e as moradias ficavam dispostas em uma das extremidades. As famílias podiam gritar para advertir umas às outras e se juntarem para se defender. Podemos comparar esse modelo com os campos mais largos e quadrados do norte do Canadá e do oeste da América do Norte, analisados depois que os índios se tornaram pacíficos. Um livro sobre Carlos Magno conta como, no século IX, os hunos construíam suas moradas em anéis, de modo que as notícias podiam ser anunciadas rapidamente de uma fazenda para outra, sendo que a distância entre os anéis era determinada pelo alcance de uma trombeta de aviso.[25] Além disso, segundo Marco Polo, na cidade de Kin-sai, grandes tambores de madeira em montes de terra eram tocados, pelos guardas e vigilantes, para telegrafar emergências.[26]

Dei esses diversos exemplos para mostrar como o espaço penetra na consciência da sociedade auditiva. Aqui, o som pode perfurar o espaço, animar o espaço, evocar o espaço ou transcender o espaço; porém, nunca pode excluir eventuais transientes contraditórios. Definir o espaço *pelo* som é muito diferente de dominar o espaço *com* som. Quando o som expressa e indica o espaço (como ocorre com uma pessoa cega, ou como se dá à noite, ou como ocorria e ocorre com qualquer grupo de pessoas numa mata ou numa floresta), a ênfase perceptual é sutilmente transformada em uma modalidade auditiva, de modo que nos damos conta de que estamos discutindo algo que poderia ser chamado mais adequadamente de "acústica espacial" – como se sons distantes, próximos, acima ou abaixo fossem meramente alguns dos adjetivos que poderiam ser usados para descrever como o mundo do som compartilha seus muitos significados conosco.

Quando as florestas do leste da América do Norte eram densas – e elas, em muitos lugares, ainda são suficientemente densas para se sentir a acuidade do que estou a ponto de dizer –, qualquer pessoa

---

25 Notker the Stammerer, *Life of Charlemagne*, trad. Lewis Thorpe (Harmondsworth, Middlesex, 1969), p.136.

26 Marco Polo, *Travels*, p.232.

que vivesse nelas dependia essencialmente do ouvido e do nariz para obter informações além de uma distância de aproximadamente dois metros dentro de seu alcance de visão. O ouvido ficava continuamente alerta, do mesmo modo que se observa hoje entre os animais. Para sobreviver em tal mundo, as pessoas têm de aprender a respeitar o silêncio ou, ao menos, saber como participar do modelo de dar e receber, soando quando for seguro ou perigoso, e ouvindo entre esses momentos, para saber quando soar e quando ouvir.

Nas sociedades aurais, muitas profissões dependem da escuta refinada. Um mecânico conhece o ronco de um motor que funciona bem, do mesmo modo que o padeiro sabe quando o pão está assado pelo som oco produzido ao se dar batidinhas nele. Batidinhas em melancias e cocos também revelam quando eles estão maduros. Na Índia, uma fileira de vasilhas é testada passando-se uma vareta sobre elas; o carroceiro costumava verificar se os aros da roda estavam quebrados da mesma maneira. Os fabricantes de vidro europeus ainda avaliam a ressonância do cristal batendo nele; e me contaram que, na Escócia, havia um cortador de pedra que podia dizer se havia alguma fissura na pedra quando deslocava seu relógio ao longo da superfície e ouvia seu tique-taque.

"Fale, e eu te verei", disse o cego Isaac para Jacó. Entretanto, atualmente, o esquimó que não é cego diz o mesmo.[27] E os nativos do norte da Argentina me mostraram como eles cantam para as montanhas "para fazê-las viver". É nos sons que o mundo se torna palpável e completo. Sem eles, a terra é estéril e seus objetos permanecem "escondidos". Então a buzina do correio ou o apito do trem são sons que vêm de muito longe (ou seja, carregam o simbolismo da distância e viajam para onde e enquanto são ouvidos), do mesmo modo que a voz dos contadores de história é o som que vem de tempos muito remotos. E a voz do amante beija o ar perto de alguém, e o riso da criança ecoa no futuro. Extensão e duração adquirem um imediatismo que a experiência visual não pode emular nem sugerir.

---

27 Carpenter, *Eskimo Realities*, p.33.

54 R. MURRAY SCHAFER

Ver e soar são coisas diferentes. Ver é analítico e reflexivo. Soar é ativo e criativo. Deus falou primeiro e, depois, viu que era bom. Entre os criadores, o soar sempre precede o ver, do mesmo modo que, entre as criaturas, a escuta precede a visão. Foi assim com as primeiras criaturas na Terra, e ainda é com cada bebê recém-nascido. Certa vez pedi a McLuhan para escrever um artigo a respeito do espaço acústico para uma publicação planejada (que nunca aconteceu). O manuscrito que recebi se chamava "Mudando conceitos de espaço na era eletrônica", em que o espaço acústico era caracterizado como "um campo simultâneo de relações [...] seu centro está em toda parte e seu horizonte em nenhuma". Em uma carta, ele aprofundou esse ponto, que é o mesmo das primeiras culturas que detalhei e que pode ser um comentário justo acerca da cultura que estamos resgatando hoje.

Pela primeira vez em séculos estamos vivendo em uma época acústica, e com isso quero dizer que o ambiente elétrico é simultâneo. A escuta é estruturada pela experiência de captar informações de todas as direções ao mesmo tempo. Por essa razão, mesmo o telégrafo deu às notícias o caráter simultâneo que criou a imprensa "em mosaico" de eventos desconexos, sob uma única linha de datação. Nesse momento, todo o planeta existe nessa forma de copresença instantânea mas descontínua de todas as coisas.[28]

No princípio, defini espaço acústico como um termo transitório, que tocava em duas culturas, mas, em certo sentido, não natural para nenhuma delas. Em uma, tudo soa e tem presença sonora, mas como um espírito, incorpóreo, sem extensão ou forma precisas. Na outra, essa vida ressonante é abatida primeiro nos espaços interiores da igreja, na sala de concertos, na fábrica; depois, por extensão, através da paisagem sonora externa. Antigamente era a paróquia; hoje é a radiodifusão que conquista o espaço com som. A primeira forma será mais difícil de ser compreendida pelo homem que vive em

---

28 Comunicação pessoal, 16 dez. 1974.

ambientes internos, pois atualmente ele se esconde atrás de janelas de vidro, ouvindo rádio e perscrutando de longe a silenciosa cacofonia das ruas. O vidro despedaçou o *sensorium* humano. Ele separou o mundo visualmente percebido de seus acompanhamentos auditivos, tácteis e olfativos. Ou melhor, ele substituiu os outros sentidos pelo hábito de se focar a visão. Até que essa situação seja corrigida, todo pensamento acerca do mundo fenomênico permanecerá especulativo, no sentido literal da palavra.

3
TRÊS ESTUDOS DOCUMENTAIS

Como podemos estudar as paisagens sonoras que existiram antes da invenção dos gravadores e dos instrumentos de medida? Em *A afinação do mundo*, falei do valor das descrições de testemunhas auditivas feitas por indivíduos que ouviam cuidadosamente o ambiente em que viviam. Embora possa faltar acuidade técnica a essas descrições, isso é compensado pelo fato de elas nos oferecerem opiniões pessoais e reflexões a respeito dos sons descritos – que é algo que os microfones nunca farão. As seguintes três vinhetas de paisagens sonoras amplamente variadas feitas por um pintor e dois autores são exemplos da espécie de pesquisa que estou propondo. Elas exemplificam tipos muito diferentes de paisagens sonoras, como os títulos sugerem.

A paisagem sonora dialética

Não há som na fração de segundo em que imagens pictóricas vivem. Mas o som pode ser sugerido pelo movimento, e quanto maior for sua variedade e energia, mais ressonante a superfície pictórica se torna. Entre os pintores da Renascença, um cujas telas vibram não apenas com sons, mas também, e muitas vezes, com cheiros e sabores (a comida está frequentemente presente), é Pieter Brueghel;

e, assim, onde todos os outros documentos falham, podemos perceber alguma coisa da vida acústica das cidadezinhas e dos campos flamengos do século XVI, fazendo listas de eventos sonoros sugeridos por suas pinturas.

Em *A Batalha entre o Carnaval e a Quaresma* (1559), somos apresentados às transformações da paisagem sonora que ocorriam no Carnaval (os três dias que precedem a Quarta-feira de Cinzas). Duas procissões se confrontam, a primeira delas formada por barulhentos seguidores do Carnaval, fantasiados e tocando instrumentos musicais feitos artesanalmente. A outra, uma procissão de Quaresma, com crianças, freiras, padres e mendigos, embora mais austera, não é de modo algum silenciosa.

Figura 3
Fonte: Kunsthistoriche Museum, Viena. Utilizada com autorização.

Dois edifícios simbólicos ordenam a pintura: a Taverna Navio Azul,[1] à esquerda, e a igreja, à direita. Outras casas formam o fundo. As casas não são muito altas; as ruas são amplas, a grande praça da cidade não é pavimentada e tudo sugere um espaço seco e não ressonante, condizente, portanto, com a grande variedade de eventos conflitantes, os quais povoam a cidadezinha. Todas as construções parecem ser feitas de tijolo e madeira, exceto a igreja, que é de pedra. Os sons da praça parecem ter perfurado as construções seculares, atraindo os espectadores (ouvintes) para as janelas abertas. Nenhum dos espaços internos dessas construções apresenta qualquer identidade. O caso da igreja é diferente. As portas estão abertas e a escuridão interior sugere uma poderosa ressonância que parece brotar do edifício, aderindo às roupas pretas dos penitentes que se vão.

Figura 4

---

1 The *Blue Ship Tavern* no original. (N.T.)

A praça contém bem mais do que cem pessoas, de todas as idades, algumas felizes, outras tristes e outras, ainda, silenciosas. Aqueles com as bocas mais abertas são os mendigos e aleijados, e a pintura contém um bom número deles. Estranhamente, há poucos animais presentes. Contei apenas dois: um porco atrás do poço, no centro, e um pássaro em uma gaiola pendurada do lado de fora de uma casa, na parte superior esquerda da pintura (circulada na página 64). Não há cães, gatos ou algum pássaro voando. Sem dúvida trata-se de uma paisagem sonora humana.

O Espírito do Carnaval está montado em um barril de vinho, apoiado sobre patins, empurrado por seus seguidores. Seu pé está em uma panela conectada a uma corda, de modo que pode chutá-la contra o barril. Seus seguidores, vestidos com fantasias bizarras, estão fazendo barulho com um conjunto de instrumentos. Podemos distinguir uma mulher com um tambor de fricção, um homem batendo duas canecas (de lata?) uma na outra, uma mulher raspando uma faca em uma grelha, um tocador de alaúde com uma panela de metal sobre a cabeça, e uma figura mascarada com o que parece ser uma matraca. Dois outros personagens, o anão em frente e a mulher atrás, têm, respectivamente, uma colher e uma panela presas a artefatos de cabeça que poderiam ser produtores de ruído.

O Espírito da Quaresma é uma velha bruxa magra em um carrinho, arrastada por um padre e uma mulher (esse é um dos dois carrinhos com rodas de madeira na pintura). Note-se que a Quaresma está calçando tamancos de madeira. Atrás dela, muitas crianças carregam o que parecem ser batedores ou blocos de madeira – *wood-blocks*. Lembramos que, durante a Quaresma, nenhum sino de igreja toca; seu som é substituído por matracas de madeira. Nenhum sino está em evidência na pintura, tampouco há qualquer produtor de ruídos de metal na procissão da Quaresma. Mencionei a ressonância que as freiras parecem estar carregando para fora da igreja, mas, naturalmente, isso é uma ilusão; as freiras não estão cantando. O único som real associado à igreja é o das preces de muitas figuras ajoelhadas, que tomaram posição sob os arcos para que seus pedidos pudessem ter amplificação favorável.

VOZES DA TIRANIA 61

Figura 5

Figura 6

Há duas peças de teatro de rua sendo encenadas. Defronte da Taverna Navio Azul, um grupo está representando um esquete, que foi identificado como *De vuile Bruid* [A noiva suja]. Nesse grupo, notamos um homem com uma guitarra falsa, feita com uma pá de carvão e uma faca.

Fora da casa, acima, no canto à esquerda, outro grupo de atores está representando a mascarada de *Ourson and Valentin*, vista de dentro da casa por um grupo de espectadores.

Muitos grupos de crianças brincam. Na parte superior direita, um grupo está brincando com tampas. Há sete tampas na pintura, e quatro delas estão em movimento. Embora todas sejam ativadas por cordas, há três formas distintas, que fornecem (presumimos) ao menos três tonalidades diferentes quando giradas.

À esquerda, um grupo de crianças mais velhas está brincando de lançar o pote. Um pote de barro está despedaçado no chão, e outro parece ir pelo mesmo caminho.

Figura 7

Atrás deste, outro grupo está pulando em uma roda. Provavelmente, uma canção rítmica acompanha sua dança.

Figura 8

Há outros grupos de pessoas na pintura, e um dos mais notáveis deles é um de aleijados com muletas de madeira (e com a boca aberta) no centro da praça. Os sons precisos de outras atividades são incertos, exceto os dos músicos. Um tocador de gaita de fole é visto (acima, ao centro) e, na parte central mais distante, no fundo, um homem toca uma flauta transversal, acompanhado por um tocador de tambor, embora isso seja quase imperceptível.

Toda a pintura é avivada com sons, e cada um dos instrumentistas que lideram tem seu próprio produtor de ruídos identificado. E, apesar disso, embora haja conflito, não há desordem. Ninguém está protestando contra o ruído, e nenhum som único domina ou parece dominar a cena, pois ela tem tantos centros acústicos quantas são as

VOZES DA TIRANIA **65**

atividades. Nada aqui é *hi-fi*.[2] Cada som é ouvido na presença dos outros. A vitalidade essencial está na dialética dos sons, e o entusiasmo e a satisfação dos ouvintes estão tanto na sobreposição de sons quanto na escuta deles. Há zonas silenciosas na pintura. Os quatro cantos são silentes; mas também é assim no centro, em que um personagem fantasiado de bobo pode ser visto distraindo um casal (cujas costas estão voltadas para nós). Os tons claros do chão onde está esse trio tornam esses personagens o ponto central da pintura; as atividades mais frenéticas são desviadas de um centro mudo, mais uma evidência de que, embora estejamos testemunhando uma paisagem sonora repleta, o pintor não sugere que ela seja barulhenta.

Há ainda, por assim dizer, uma tonalidade fundamental para essa paisagem sonora. Além da atividade vocal humana, há outra, caracterizada por seu principal material: a madeira. Nosso inventário revelou tampas de madeira, rodas e patins de madeira, barris de madeira, portas e janelas de madeira, uma escada de madeira, muletas de madeira, mesas e cadeiras de madeira, matracas de madeira, baldes de madeira e até mesmo uma fogueira de madeira. Toda paisagem sonora caracteriza-se por seus materiais predominantes, mas uma avaliação real dessa afirmativa teria de aguardar uma comparação da pintura de Brueghel com outro documento, que fosse, substancialmente, muito diferente.

A paisagem sonora fechada

No livro VI da sessão "Cosette" de *Os miseráveis*, Victor Hugo nos dá uma boa descrição do que poderíamos chamar de uma paisagem sonora fechada, aquela voltada para si mesma e que não admite distrações estranhas, como uma composição musical. A cena é a comunidade das Bernardinas da Obediência de Martin Verga, uma ordem

---

2 *Hi-fi*: abreviação de alta-fidelidade. Usado por Schafer para significar uma paisagem sonora em que muitos sons predominam sobre outros. Ver *A afinação do mundo*, p.365. (N.T.)

66 R. MURRAY SCHAFER

rígida de freiras, abrigadas entre paredes de aproximadamente seis metros, no número 62 da Petite Rue Picpus, no centro de Paris. A data é 1815. Desenhei um quadro da clausura (página 67) a partir da extensa descrição de Victor Hugo. Não é necessário que nos detenhamos à história de como Jean Valjean e Cosette passaram a viver no convento.

Hugo dramatiza a impenetrabilidade do lugar, contando-nos que, sem conhecer a senha, nenhuma entrada além da portaria era permitida. Após repetir a senha, tinha-se permissão para subir uma estreita escada em direção a uma pequena sala. De um lado, havia uma grade e uma fita presa a um sino.

> Ao puxar a fita, o sino soava e uma voz se ouvia, muito próxima, assustadora: "Quem está aí?", perguntava.
>
> Era uma voz de mulher, uma voz suave, tanto que chegava a ser triste.
>
> Aqui, novamente, há uma palavra mágica que é preciso conhecer. Caso contrário, a voz não mais será ouvida, e a parede mais uma vez silenciará, como se a selvagem obscuridade do sepulcro estivesse do outro lado.

Supondo que você soubesse a palavra mágica e tivesse permissão para entrar, descobriria um complexo de edifícios em torno de um jardim central, cada qual com seus próprios sons característicos.

Em uma das esquinas estava a capela do velho convento, na qual as freiras observavam as sete horas canônicas da Igreja, começando com as matinas, tomadas diariamente, entre 1h00 e 3h00. As freiras cantavam os ofícios em um "puro cantochão, sempre com voz forte, por toda a duração do ofício [...]. Para o ofício da morte, elas adotam um tom tão grave, que é difícil para vozes femininas o alcançarem. O efeito é emocionante e trágico". Ocasionalmente, havia serviços públicos na capela. Quando isso acontecia, as freiras ficavam escondidas detrás de uma cortina de cerca de dois metros e meio. "Quando as freiras vinham aos ofícios nos quais as regras recomendavam silêncio, o público era advertido de sua presença unicamente pelo som de levantar e sentar de seus acentos."

As Bernardinas de Martin Verga observavam as regras de silêncio toda sexta-feira. "Essa regra de silêncio tinha o seguinte efeito: em todo o convento, a fala era retirada das criaturas humanas e dada a objetos inanimados. Às vezes, era o sino da igreja que falava, às vezes era o do jardineiro." O sino do jardineiro ficava preso em seu joelho e soava por todo lugar aonde ele ia, avisando as freiras de sua presença.

O Conventinho, também situado num canto do espaço, era habitado por freiras mais velhas de várias ordens, cujos conventos tinham sido destruídos durante a Revolução. Hugo as considera uma comunidade "heterogênea" quando comparadas com as Bernardinas, que habitavam as celas do Velho Convento, ao longo das paredes opostas do complexo, e cujas vidas eram reguladas por rígidas formalidades.

Elas vivem em celas abertas. Quando se encontram, uma delas diz: "Graças e adoração ao Santíssimo Sacramento do altar". A outra responde: "Para sempre!". O mesmo ritual é repetido quando uma bate à porta da outra. Mal a porta é tocada, uma voz suave é ouvida do outro lado, dizendo, precipitadamente, "Para sempre!". Como todos

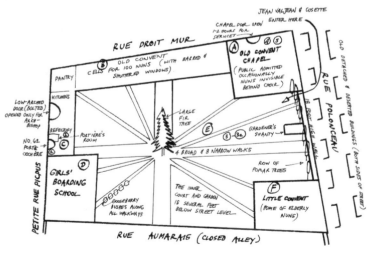

Figura 9
Diagrama do Convento das Bernardinas na 62 Petite Rue Picpus, Paris, por volta de 1815, de acordo com a descrição do Livro VI, "Cosette", de *Os miseráveis*, de Victor Hugo.

os rituais, isso se torna mecânico pelo hábito e, às vezes, alguém diz "para sempre" antes que a outra tenha tido tempo de dizer "Graças e adoração ao Santíssimo Sacramento no altar!", que é, na verdade, muito comprido.

A mesma frase é repetida por toda a comunidade depois que os três sinos sinalizam cada hora do dia.

O internato de meninas, na outra esquina do complexo, tem características muito diferentes. Durante o recesso, elas têm permissão para entrar no jardim.

Depois dos cantos, do toque dos sinos, dos dobres de finados e dos ofícios, todos de uma vez, esses sons das mocinhas irrompiam fortemente, mais doces do que o zunir das abelhas. A colmeia de alegria estava aberta, e cada uma trazia o seu mel. Elas brincavam, chamavam-se umas às outras, formavam grupos, corriam; lindos dentinhos brancos tagarelando nos cantos, véus vigiavam a alegria a uma distância, sombras espiando o pôr do sol, mas o que importa! Elas brilhavam e riam. Essas quatro paredes tristes tinham seus momentos de perplexidade.

O calendário da comunidade das Bernardinas era pontuado com absoluta regularidade por uma galáxia de sinos. Vamos fazer um inventário deles (vide números no mapa).

1. O sino da porta na *porte cochère*,[3] já mencionada.
2. O sino "muito sonoro" de convocação de *Portress*, "uma espécie de telégrafo acústico" pelo qual as pessoas podiam ser chamadas ao locutório. "Cada pessoa e cada coisa tinha seu toque especial. O da superiora era um e um; a subsuperiora tinha um e dois. Seis-cinco anunciava os recitativos, de modo que as alunas nunca diziam ir ao recitativo, mas ir ao seis-cinco. Quatro-quatro era o sinal de Mademoiselle Genlis. Era ouvido muito frequentemente [...]. Dezenove

---

3 Em francês no original. Trata-se de uma porta larga das cocheiras de animais, largas o bastante para por ela passarem carruagens. (N.T.)

batidas anunciavam um grande evento. Era a abertura da *porta fechada*, uma desagradável placa de ferro eriçada com parafusos que girava sobre suas dobradiças somente ante o arcebispo."

3. O sino de joelho do jardineiro. "Parecia vagamente o soar de sinos de vacas no pasto, à noite [...] o som do sino seguia cada movimento do homem. Quando o homem se aproximava, o som se aproximava, quando ele se ia, o som se ia; se ele fazia algum movimento brusco, um tinir acompanhava o movimento; quando ele parava, o barulho cessava." Depois de Jean Valjean ter se tornado assistente de jardineiro, "dois sininhos eram ouvidos tilintando no canto do jardim [...]. Grande evento!".

4. O sino da capela. "A cada hora do dia, três batidas suplementares soavam do sino da igreja do convento. A esse sinal, a superiora, as mães, as freiras professadas, as irmãs serventes, noviças, postulantes, todas interrompiam o que estavam falando, fazendo ou pensando e diziam, a uma só voz, se, por exemplo, fossem cinco horas: "Às cinco horas, e em todas as horas, graças e adoração ao Santíssimo Sacramento do Altar!". Se fossem oito horas, "Às oito horas, e em todas as horas" etc., e assim por diante, de acordo com qualquer hora que fosse".

5. Uma morte no convento é anunciada por um sino especial. "Uma única batida de um sino foi ouvida. 'A freira morreu', ele dizia. 'Há um dobre de finados.' E ele fez sinal para que Jean Valjean ouvisse. O sino soou uma segunda vez [...]. O sino vai bater a cada minuto por vinte e quatro horas, até que o corpo saia da igreja."

6. Havia outros sinos: um para dizer ao porteiro para chamar o médico; outro quando o médico partia; e ainda outro, "um complicado soar [...] para as mães. Sempre que alguém morre, é realizada uma reunião dos membros da comunidade de freiras.

O material sonoro predominante do Convento da Obediência de Martin Verga era o bronze. Ele soava dia e noite o ano todo, exceto durante a Quaresma, quando, como na época de Brueghel, seria substituído pelo som de matracas de madeira, com efeitos surpreendentes, como se pode imaginar. Hugo não menciona isso, mas aceitamos sua descrição, tão distante quanto for ela, pois ele era um cronista com uma audição bastante aguçada, mesmo quando seus ouvidos pareciam o iludir. Para provar isso, passamos a seu último romance *Ninity-three*, no qual encontramos um senhor idoso (poderia ser o próprio Hugo) em pé em uma praia da Bretanha ao crepúsculo, quando sua atenção é atraída por uma visão incomum.

Ele olhava para a torre do campanário de Cormeray, diretamente na frente dele, além da planície. Na verdade, algo extraordinário acontecia na torre.

O contorno dessa torre era claramente definido; ela podia ser vista encimada pelo pináculo, e entre a torre e o pináculo estava o campanário, quadrado, sem anteparo e aberto para todos os quatro lados, de acordo com o estilo bretão das torres de sino.

Mas esse campanário parecia alternadamente aberto e fechado a intervalos regulares; sua janela alta mostrava tudo branco e, então, tudo preto; o céu podia ser visto através dela e, em seguida, não podia mais ser visto; havia luz e, então, ela se eclipsava, e o abrir e o fechar seguiam-se um ao outro, um segundo depois, com a regularidade de um martelo em uma bigorna.

Essa torre em Cormeray estava a cerca de duas léguas de distância, em frente ao senhor idoso. Quase tão longe, à sua direita, no horizonte, ele viu o campanário de Baguer-Pican, que se abria e fechava do mesmo modo que em Cormeray.

Ele olhou para a sua esquerda, para a torre de Tanis. O campanário da torre em Tanis estava abrindo e fechando, justamente do mesmo modo que em Baguer-Pican.

O que significava isso?

Significava que todos os sinos estavam tocando.

Para aparecer e desaparecer desse jeito, eles precisavam ser puxados com muita força.

O que era isso, então? Evidentemente, o toque de alarme.

Eles estavam tocando o alarme, fazendo-o soar freneticamente em todos os lugares, em todos os campanários, em cada paróquia, em cada vilarejo, e nenhum som chegava a seus ouvidos [...]

VOZES DA TIRANIA   **71**

Todos esses sinos soando loucamente de todos os lados, e, ao mesmo tempo, silêncio; nada podia ser mais estranho. O velho homem olhava e tentava ouvir. Não escutou o alarme, mas o viu.

O alarme, o sino de alarme da Revolução Francesa, ficou mudo com o vento marítimo da noite. O alarme, que logo silenciaria os sinos de todas as igrejas e monastérios, devolvendo-os às fundições, para serem fundidos em canhões. O alarme, bizarramente introduzido pelo escritor genial como – silêncio.

A paisagem sonora aberta

O romance *A estepe*, de Anton Tchekov, é o relato ficcional de uma viagem feita pelo autor, quando criança, pelas estepes da Ucrânia durante uma onda de calor, em julho. Rico em detalhes acústicos, tanto descritos quanto implícitos, exemplifica uma paisagem sonora que já foi familiar para muitos, mas atualmente é bastante exótica para a maior parte das pessoas. A viagem, que durou vários dias, é construída sobre duas recorrentes notas fundamentais, como se fossem a tônica e a dominante de uma composição musical. A tônica é trazida pelos sons da natureza, e a dominante, pelo vagão barulhento que transporta os viajantes.

Ele sacudia e rangia a cada movimento; o balde, pendurado atrás, badalava grosseiramente e, somente por esses sons e pelas tiras de couro surradas soltas sobre seu corpo descascado, era possível imaginar que era muito velho, pronto para cair aos pedaços.[4]

Aqui está um som ou, para ser mais preciso, uma vibração que acompanhará os viajantes a cada dia, afetando sua fala do mesmo

---

4   Todas as citações são da tradução de Constance Garnett de The Steppe, do v.7 de *The Tales of Chekov* (Nova York, 1985).

72 R. MURRAY SCHAFER

jeito que as roupas ditam o comportamento: os comentários são agitados; os pensamentos, desordenados; e as observações, aleatórias. Quando o vagão para, o acompanhamento estridente se eleva para uma paisagem sonora natural de amplas dimensões, às vezes arranjada pelo autor em camadas: próxima, a meia distância, longe. Por exemplo:

A quietude reinava. Não havia nenhum som, exceto o mastigar e o resfolegar dos cavalos e o ronco dos que dormiam; em algum lugar, ao longe, um quero-quero gritava e, de tempos em tempos, soavam os gritos estridentes das narcejas nas árvores, que tinham voado para ver se seus visitantes não convidados tinham ido embora; o riacho balbuciava, murmurando levemente, mas todos esses sons não quebravam a quietude, não agitavam a estagnação. Ao contrário, embalavam toda a natureza para dormir. (p.176)

Como o vagão, a paisagem sonora da estepe é, também, solto-articulada, o único som sincronizado é o de uma fila de cortadores, com suas foices movendo-se juntas, em uníssono: "vziiii, vziiii". Os cachorros latem intermitentemente, anunciando a aproximação de desconhecidos de uma maneira familiar aos moradores do campo em todo o mundo. É uma paisagem sonora de perto e longe, enquanto o vagão passa, o que está longe vai ficando mais perto, e o que está perto vai recuando em uma flutuação nebulosa. Em qualquer paisagem sonora haverá sons estacionários, sons que se movem e sons que vão junto com os participantes; mas no relato de Tchekov tudo parece estar subindo para o céu sem limites. Quando uma mulher canta ao longe, a fonte sonora não pode ser localizada devido ao efeito das ondas quentes do ar estagnado do meio-dia.

Em algum lugar distante, uma mulher cantava, e era difícil dizer de que lugar e em qual direção. A canção era controlada, monótona e melancólica, como um canto triste e dificilmente audível, e parecia vir primeiro da direita, depois da esquerda, então de cima e logo de baixo, como se um espírito invisível estivesse pairando e cantando

VOZES DA TIRANIA   **73**

sobre a estepe. Yegorushka procurou e não pôde compreender de onde vinha a estranha canção. Então, enquanto a ouvia, começou a imaginar que a grama estava cantando [...] começou a parecer que essa canção triste e melancólica deixava o ar mais quente, mais sufocante e mais estagnado [...]. (p.178-9)

Ocasionalmente, pequenos eventos são ampliados a curta distância, como quando a criança, Yegorushka (Tchekov), pega um gafanhoto e o segura por bastante tempo entre as mãos em concha, "ouvindo a criatura tocar seu instrumento". Grilos, gafanhotos e pássaros são como notas dos instrumentos de sopro de madeira da orquestração de Tchekov.

Os petréis do Ártico voavam por sobre a estrada, dando gritos de alegria, marmotas chamavam-se umas às outras na grama. Em algum lugar, longe, à esquerda, os quero-queros pronunciavam seus tons queixosos. Um bando de perdizes, assustadas com o cabriolé, agitou-se e, com seu leve "trrr!", voou para as colinas. Na grama, grilos e gafanhotos mantinham sua música chilreante e monótona. (p.166)

Outras vozes na orquestração: quero-queros, gralhas, codornizes, abetardas, um falcão. Tchekov mostra o conhecimento do homem do campo a respeito do canto dos pássaros.

Codornizes e codornas não cantam nas noites de julho; o rouxinol não canta no pântano da floresta. (p.210)

A mudança circadiana dos sons da noite é dramática na estepe.

Um alegre e jovial burburinho ascende durante a noite, de uma forma que não se ouve durante o dia; chilreando, piando, assobiando, raspando, os baixos, tenores e sopranos da estepe, todos misturados em um incessante e monótono rumor de sons, no qual é doce meditar sobre lembranças e tristezas. O monótono piado acalma para dormir, como uma canção de ninar; você dirige e sente que está pegando no sono, mas, de repente, lá vem o abrupto e agitado grito de um pássaro acordado, ou um som remoto, como uma voz que grita com admiração "A-ah, a-ah!", e o sono fecha suas pálpebras de novo. Ou você dirige até o lado de um pequeno riacho onde há arbustos e ouve grasnar o pássaro que os habitantes da estepe chamam de "o dorminhoco": *"Asleep, asleep, asleep!"*,[5] enquanto outro pássaro ri ou se quebra em trinados de choro histérico – é a coruja. (p.210)

Por causa da escuridão na qual todos os sons são inesperados, os sons ouvidos à noite afetam o ouvinte de um modo muito mais emocional do que aqueles ouvidos de dia.

No zumbir dos insetos [...] no voo dos pássaros noturnos, em tudo que se vê e ouve, beleza triunfante, juventude, a plenitude do poder e a apaixonada sede pela vida começam a aparecer; a alma responde ao chamado de sua amável e austera pátria, e anseia voar sobre as estepes com o pássaro da noite. E no triunfo da beleza, na exuberância da felicidade, fica-se consciente do anseio e pesar, como se a estepe soubesse que era solitária, que sua riqueza e inspiração foram desperdiçadas para o mundo, não sendo glorificadas em canção nem desejadas por ninguém; e através do alegre clamor ouve-se seu triste e desesperançado chamado aos cantores, aos cantores! (p.212)

Há sempre uma qualidade infinita nas descrições da natureza de Tchekov, levando os primeiros críticos russos a chamá-lo de "impressionista". Assim é que a água entra no conto discretamente, apenas como insinuação, embora, no final, ela forme o clímax da história. No primeiro dia ao ar livre, os viajantes param ao lado do riacho. Como qualquer som contínuo, ele parece retardar a passagem do tempo. "O riacho borbulhava monotonamente, os cavalos mastigavam e o tempo se arrastava infinitamente [...]" (p.181). Muitos dias se passam antes que se encontre água novamente; dessa vez, é

---

5 *Asleep* significa "dormir", o que justifica o nome "Dorminhoco". (N.T.)

VOZES DA TIRANIA   75

um "quieto e modesto riozinho" que ressoa com "bufos e espirros" enquanto os viajantes mergulham para nadar. O terceiro evento com água é uma tempestade violenta, que ocupa seis páginas de vívida descrição, na qual o som, pela primeira vez na narrativa, torna-se violento. O evento é anunciado pelo trovão distante.

Havia um som como se alguém de muito longe estivesse caminhando sobre um telhado de ferro, provavelmente descalço, pois o ferro fazia um som ressonante. (p.272)

O vento entra e surge pela frente.

O vento se arremessa, assobiando sobre a estepe, girando em desordem e levantando tanta turbulência da grama que nem o trovão nem o rangido das rodas podiam ser ouvidos. (p.273)

Depois vem a chuva, a princípio como "um som calmo e regular" e, então, começando a tagarelar "como duas pegas". Trovão e raio se seguem:

De repente, bem acima de sua cabeça, o céu rachou com um barulho ensurdecedor de dar medo, [...] o céu agora não estava rosnando e retumbando, mas pronunciando pequenos sons percutidos, como o estalar de madeira seca. "Trrah tah! tah! tah!", o trovão tocou distintamente, rolou no céu, pareceu tropeçar, e em algum lugar perto dos primeiros vagões, ou bem atrás, caiu com um abrupto e raivoso "Trrra! [...] Trrah! tah! tah!", flutuou sobre sua cabeça, rolou sob os vagões e explodiu "Kraa!". (p.275-6)

Os três eventos com água estão amplamente separados na história, mas qualquer um que tenha viajado por uma árida paisagem durante muitos dias sentirá sua importância, não apenas como pontuações refrescantes da jornada, mas como pontos focais modelando toda a história.

Introdução 11 páginas	Riacho	A viagem continua 56 páginas	Rio	A viagem continua 44 páginas	Tempestade	Conclusão 24 páginas

Chegando ao destino final, uma pequena cidade onde Yegorushka deve ir à escola, a fala é normalizada, as vozes cessam de gritar e ficam quase caladas, pois o menino pegou um resfriado durante a tempestade e ficou de cama. A chegada é uma coda; o verdadeiro clímax é a tempestade. Somos lembrados de que, em todos os lugares, em ambientes parcamente habitados, as vozes mais autoritárias são as da natureza, e os humanos são reduzidos a ouvintes, filtrando a informação dos elementos para determinar como eles podem afetar seu bem-estar. Essas vozes vêm de perto e de longe, especialmente de longe; e é assim que a paisagem sonora aberta se distingue da paisagem sonora fechada do morador urbano, em que tudo é fechado, denso e, às vezes, confuso. Hoje, todos os sons precisam ter "presença" para serem ouvidos, e os microfones usados na música, na radiodifusão e nos telefones intensificam essa presença. A visão foi alterada, do mesmo modo que arranha-céus cada vez mais altos isolam o horizonte. Perdemos o hábito de escuta distante e entramos em uma nova era na história da consciência sensorial. Aproximadamente no mesmo momento em que Tchekov estava escrevendo, sir Richard Burton, pesquisando o deserto próximo ao Cairo, falou sobre a eloquência dos "sons adoçados pela distância". A poesia de tais sons é o que distingue *A estepe* das crônicas sonoras dos autores urbanos mais contemporâneos.

4
TRÊS REFLEXÕES

A paisagem sonora ilusória

Em um dos períodos menos estimulantes de minha vida, passei dois anos vivendo em uma casinha nos fundos de uma propriedade, na Warren Road, em Toronto, em uma área da cidade que seus habitantes chamavam, um pouco melancolicamente, de *Lower Forest Hill* – embora as verdadeiras mansões de *Forest Hill* começassem ao norte da avenida Saint Clair. Todavia, aquele era ainda considerado um bairro muito bem localizado pelas pessoas que conheciam Toronto e tinham um respeito verdadeiro por aquelas áreas financiadas por famílias tradicionais.

É uma vizinhança de casas grandes, vastos jardins e velhos plátanos e belas e enormes castanheiras. Nos arredores fica a Casa Loma, a *Neuschwanstein*[1] de Toronto, construída por um milionário da cidade no início do século XX, infelizmente não em homenagem a um

---

1 *Neuschwanstein* – castelo construído por Ludwig II na Baviera, Alemanha, no final do século XIX, nas ruínas de um velho castelo, em homenagem a Richard Wagner. Hoje ele é aberto à visitação pública. A Casa Loma, em Toronto, é uma residência enorme, também aberta à visitação pública. (N.T.)

78 R. MURRAY SCHAFER

artista, como o palácio do louco rei Ludwig o foi, com a esperança de que, um dia, Wagner pudesse lá viver; não, sem tais nobres intenções. Ela foi construída somente para empertigar o milionário ante a alta sociedade de Toronto. Ele foi à falência antes de completar seu plano.

Pode-se dizer que foi à sombra das manifestações da plutocracia equivocada que encontrei minha casinha, nos jardins de um médico muito bondoso. O seu isolamento foi o que me atraiu, pois eu estava desesperado para encontrar um lugar silencioso para viver por tanto tempo quanto eu fosse forçado a suportar a cidade. Ao menos ali, pensei, eu poderia estar ilhado em uma grande e velha sala de paredes espessas, durante o inverno, e camuflado em um canto do jardim secreto no verão.

Mas, como afinal se revelou, a área é, realmente, muito mais barulhenta do que muitas outras partes de Toronto. As grandes casas com mais de cem anos com frequência precisam de reparos. Muitas delas estão passando, agora, das famílias originais para novos donos que desejam fazer mudanças significativas nelas: terraços, salas de estar, janelas mais largas, paisagismo. Há, mesmo, exemplos de pessoas que compram casas somente para demoli-las e reconstruí-las por completo. Isso significa que a vizinhança sofre continuamente com barulhos de construção, que todos toleram por saber que serão os próximos. Dificilmente se pode reclamar da retroescavadeira do vizinho quando se está esperando a chegada do seu próprio misturador de cimento.

As raízes das velhas árvores não raro adentram o sistema de esgoto da cidade, e os galhos interferem nas linhas telefônicas e hidráulicas. Com frequência, árvores inteiras têm de ser removidas, galho por galho, para não destruir a propriedade de alguém, uma atividade que pode manter uma equipe de motosserra ocupada por uma semana.

Esses sons não são experimentados em outras áreas da cidade em que a vegetação é menos densa ou não existe. Há, também, outros sons diferentes, como o das piscinas. Da minha janela em *Lower Forest Hill*, eu conseguia ver quatro piscinas. Em todas elas, grandes e velhas árvores haviam sido arrancadas para abrir espaço para a piscina. O farfalhar das folhas foi substituído durante todo o

VOZES DA TIRANIA 79

verão pelo ruído concorrente das piscinas. Acrescente-se a isso a vigorosa vibração dos incontáveis aparelhos de ar-condicionado – que todos tinham.

Tais sons seriam menos evidentes nos residenciais mais novos. Costumava notar isso quando visitava a casa de meu irmão, na rua Markham. Em um novo empreendimento há pouco trabalho de reparo a ser feito nas estradas ou esgotos. Os proprietários ainda não se cansaram de suas casas e não começaram a remodelá-las. Há poucas piscinas; elas virão depois que as hipotecas forem pagas.

Outra diferença entre os residenciais e a cidade está nos trabalhos de jardinagem. Ambos têm cortadores de grama elétricos, mas enquanto todos nos residenciais cortam a sua própria grama, em *Lower Forest Hill* ninguém fazia isso. Eles tinham jardineiros portugueses ou gregos, que chegavam geralmente às 7h30 e vinham subindo a rua, passando de um gramado para o outro, terminando por volta do meio-dia. Esse cronograma contrasta com o dos residenciais, em que os gramados são cortados depois do trabalho ou nos fins de semana.

Eu poderia mencionar de passagem que não há razão para uma sociedade chamar a si mesma de "avançada" se ela se recusa a silenciar o cortador de grama desde que este começou a ser usado, nos anos 1950. Se ao custo de uma máquina de cortar grama fosse acrescido o valor de uma entrada de concerto ou teatro, seria possível equipá-la com um abafador capaz de reduzir a emissão do barulho em vinte decibéis.

Um instrumento profissional que os jardineiros possuem, e que ainda não chegou ao arsenal privado, é o soprador de folhas. Os sopradores de folhas estão entre as invenções mais idiotas da civilização moderna. É questionável se eles limpam folhas e grama melhor do que um ancinho; é certo que eles estão destruindo os ouvidos de seus operadores. Somente uma sociedade tosca permitiria a si mesma ser acordada a cada manhã, sem um murmúrio de protesto, por ruídos tão inorgânicos como esses. Foi-se a cuidadosa modelagem da vegetação, que uma vez marcou a arte da jardinagem. À medida que a grama é raspada, as flores são cortadas e qualquer outra coisa

80 R. MURRAY SCHAFER

que esteja ao redor é picada; depois, o entulho é soprado em círculos, numa vaga tentativa de empilhá-lo.

O som característico de juntar as folhas de outono com ancinho foi totalmente substituído por esse ruído em *Lower Forest Hill*. E há uma abundância de folhas das grandes árvores velhas, de modo a dar aos homenzinhos contratados um enorme trabalho para se livrar delas. Eu costumava notar o quanto eles, com frequência, dirigiam os caminhões no final da tarde para sair e soprar as folhas para fora do caminho, de modo que seus patrões tivessem um lugar bonito e limpo para estacionar ao voltar do trabalho.

Tais operações precisam, é claro, ser executadas diariamente, do início de outubro até a primeira nevada, quando os removedores de neve assumem o controle. O velho cheiro outonal de folhas queimadas, tão forte em minha memória, foi substituído pelos caminhões da cidade, com bicos enormes e um urrar incrível, circulando pelas ruas para sugar as folhas e comprimi-las.

O outono é, também, o tempo de drenar as piscinas. Para fazer isso, os homens costumam vir com bombas que rugem sem cessar durante três horas. O oposto ocorria em maio, quando eles limpavam e enchiam as piscinas. Esses dois sons emolduravam o verão em *Lower Forest Hill*, tão fielmente quanto os bandos de gansos migradores do Canadá emolduram as estações da paisagem sonora rural.

No inverno, as pessoas ficavam um pouco mais protegidas do barulho, em primeiro lugar porque o frio do inverno canadense necessita de mais isolamento em todas as construções de edifícios e, também, porque o tempo tende a manter as pessoas dentro de casa. Recordo-me da afirmação de McLuhan de que os povos do Norte vão para casa para ter companhia e saem para ficar sozinhos, enquanto os povos do Sul vão para casa para ficar sozinhos e saem para celebrar. Tradicionalmente, a paisagem sonora do Norte torna-se mais silenciosa no inverno, com a hibernação de animais e insetos e a migração dos pássaros. Talvez isso crie a misantropia que reconhecemos entre os escritores e artistas do Norte, russos, alemães e escandinavos. Está presente também no Canadá, e fica claro no trabalho de nossos pintores e poetas; mas não seria verdade dizer que o

VOZES DA TIRANIA **81**

inverno é mais silencioso, a menos que o refúgio das pessoas ultrapasse os parques de diversões de motoristas de motonevas bêbados ou frívolos.

Felizmente, não havia motonevas na *Warren Road*, mas havia veículos limpadores de neve. Em geral, eles chegavam no meio da noite, quando havia poucos carros estacionados para dificultar seu trabalho. Com frequência, chegavam juntos, com uma frota de caminhões alinhados e motores ligados, esperando para levar os montes de neve para algum aterro distante, no outro lado da cidade. Certa vez me levaram a uma demonstração do "Metromelt" – pois esse era o nome orgulhosamente estampado na parte lateral dos enormes tanques dessa máquina. Sua função era remover a neve, derretê-la em um forno enorme e, depois, eliminá-la na direção de galerias de águas pluviais que os limpa-neves menores tentavam manter abertas. Mas a água rapidamente congelava e transformava as estradas em pistas de gelo. Eu nunca mais vi o Metromelt, mas imagino que meus impostos foram destinados a pagá-lo durante anos.

Havia muitos outros sons característicos naquela parte da cidade, variações que a distinguiam de outras áreas. A maior parte dos cachorros parecia ser de grande porte, como se fossem mantidos como cães de guarda. Eles latiam às 8h, quando seus donos os soltavam, pois nenhum deles parecia ficar na rua durante toda a noite. Como seus donos saíam para trabalhar por volta das 9h e não considerariam "perturbar a vizinhança" deixando seus cães latirem todo o dia, provavelmente os recolhiam em casa antes de saírem. O outro momento em que ouvíamos os cães latirem era por volta das 22h30, quando eram levados para fora, para seu passeio noturno. Raramente se ouvia um cachorro latindo durante a noite pelo fato de seus donos saírem para uma festa – uma ocorrência comum entre as classes mais baixas ou nos ambientes rurais.

A princípio, também fiquei surpreso por não ver crianças brincando nos quintais ou na rua. Isso, em parte, devia-se ao comportamento contido dos moradores, bem como ao fato de que a maior parte das crianças da vizinhança seguia um cronograma rígido, que lhes deixava pouco tempo livre para brincar. Eu as via descer dos ônibus de suas escolas privadas para, imediatamente depois, serem levadas por suas mães para aulas de música, dança, ou para o clube de tênis. Ou então entravam em suas casas cavernosas para fazer lição de casa ou brincar no computador. Às vezes, saíam no quintal e ouviam rádio. Mas sempre os mantinham em baixo volume, em geral sintonizados em estações de qualidade mediana. E apenas ocasionalmente um vizinho promovia uma festa no quarteirão, mantendo as pessoas acordadas durante toda a noite.

Em geral, era uma vizinhança ilusória, quieta e respeitável em um nível, mas em outro, de longe, mais feroz do que em muitas outras partes da cidade. Os barulhos faziam parte da transformação tecnológica experimentada por todas as partes mais antigas de Toronto, à medida que propriedades deterioradas eram reformadas e serviços públicos ruins eram renovados.

Mas *Lower Forest Hill* é apenas uma de muitas paisagens sonoras ilusórias encontradas na vida moderna. Pense, por exemplo, como os imóveis são vendidos, frequentemente com base em fotografias ou uma rápida visita à propriedade. Não há nenhum tempo para se sentir os ritmos do lugar, ou para saber se os vizinhos são barulhentos ou se serão construídos futuros empreendimentos que possam transformar totalmente o ambiente acústico. Ou pense em como são as propagandas das férias: algumas imagens chamativas de uma praia com *yuppies* sorridentes, de corpos torneados, bebendo tequila. Só depois que você chega lá é que passa pela experiência da via expressa de doze pistas do outro lado do hotel, ou tem de aguentar o tumulto contínuo das músicas e festas de férias. Vivemos em um mundo em que as propagandas são feitas para os olhos. Até mesmo a comida raramente é tão gostosa como parece nas fotografias.

O que me surpreendia a respeito dos habitantes de *Lower Forest Hill* era sua fé clara de que se o dinheiro, entre outras coisas, traz paz e silêncio, eles tinham obtido tal condição ao comprar uma propriedade na melhor parte da cidade. Eles pensavam ter comprado "silêncio real, como monarcas absolutos enfatizam" e pareciam morrer de medo de admitir que estavam presos numa favela sônica.

A paisagem sonora envidraçada

No restaurante tunisiano de Montreal, o proprietário e sua esposa dividem uma garrafa de vinho por cujo bico derramam o vinho diretamente na boca, levantando a garrafa e fazendo o líquido verter, exatamente como o antigo odre de pele devia funcionar. A sensação de beber é inteiramente diferente quando o líquido é esguichado na boca, em vez de ser sorvido de um copo ou sugado por um canudo, e o mesmo se dá com os sons que acompanham essa ocasião: um brilhante borbulhar à medida que o ar procura substituir o líquido através do fino bico retorcido. Nada toca a boca além do líquido. Provavelmente essa é a mais pura maneira de beber, embora tenha sido substituída pelo copo, assim como a propriedade individual substituiu o compartilhamento tribal. Sorver líquidos de garrafas ou latas por meio de canudos representa um grau ainda maior de privatização – o elixir escondido. O copo, ao substituir recipientes mais afinados, é erguido e tocado antes da refeição, parcialmente para compensar o consumo mudo, um exercício negado a seu sucessor profilático, o copo de plástico. Os materiais mudam, os sons mudam, os costumes sociais mudam.

A paisagem sonora de toda sociedade é condicionada pelos materiais predominantes em sua construção. Assim, podemos falar de culturas de bambu, madeira, metal, vidro ou plástico, o que significa que esses materiais produzem um repertório de sons de ressonância específica quando tocados por agentes ativos, pelos humanos, pelo vento ou pela água. Os recipientes e os sistemas que conduzem a água poderiam compor um lindo dossiê de sons elementares para estudos transculturais. Nos tempos modernos, a água forma uma intensa e fundamental nota doméstica presente em torneiras, privadas e chuveiros; em outras culturas, os sons de água são mais claramente marcados nas fontes ou bombas dos vilarejos, onde se faz toda a lavagem e de onde sai quase toda a água para as casas.

Diferentemente da água, a pedra não faz sons por ela mesma; ao contrário, soa somente quando escovada, lascada, arranhada ou esmagada. Os vários métodos pelos quais isso acontece têm

Figura 11
A maneira como os materiais são usados forma o caráter da paisagem sonora. Os sons de água na Índia rural são diferentes do som da água que corre nos modernos encanamentos urbanos.

Fonte: *South Asia*, B.L.C. Heineman, Londres, 1969.

Figura 12
As ruas, calçadas e casas de tábuas de Vancouver condicionaram sua paisagem sonora antes que a cidade avançasse para o cimento, metal e vidro.

Fonte: *Vancouver City Archives*.

VOZES DA TIRANIA **85**

caracterizado culturas de várias partes do mundo. Antes que as estradas fossem pavimentadas, no século XIX, as rodas de carroça sobre paralelepípedos produziam um dos sons fundamentais mais claros de todas as culturas de pedra, não raro chegando ao nível do desconforto, de modo que era comum espalhar palha sobre a estrada nas imediações de hospitais ou perto de casas de saúde, para abafar o som dos cascos de cavalo e do gradeamento das rodas das carroças.[2] A Europa foi uma cultura de pedra, e em larga medida ainda o é, em especial em suas comunidades menores e mais intocadas. Quando pedras eram empilhadas para construir catedrais, palácios e casas, elas afetavam a reflexão dos sons, tanto no interior quanto no exterior dessas construções, fortificando a retórica falada e amplificando a música e as paradas militares. A América do Norte era, originalmente, uma cultura de madeira, passando, como a Europa moderna, para cimento e vidro durante o século XX.

O vidro é o mais imperceptível material da paisagem sonora e, assim, necessita de tratamento especial. Sua história remonta, possivelmente, a nove mil anos ou mais,[3] embora sua notoriedade seja mais recente. Por volta de 200 a.C., os fabricantes de vidro romanos aprenderam como usar placas desse material para fazer mosaicos e também para cobrir a superfície de janelas pequenas, embora sua característica de semiopacidade permitisse apenas a passagem de luz fraca. A manufatura de vidro foi aperfeiçoada pelos venezianos depois de 1300, mas foi somente após o século XVII que as janelas de vidro começaram a ser fabricadas em grande escala. Em 1567, a rainha Elizabeth I concedeu a Jean Carré, um mercador de Antuérpia, uma licença com validade de 21 anos para fazer janelas de vidro na Grã-Bretanha, mas foi o novo método de fundição desenvolvido por Louis Lucas de Nehan, em 1688, que possibilitou, pela primeira

---

2 Há numerosas alusões a isso na literatura europeia, por exemplo, no capítulo 19 de *Vanity Fair*, de Tackeray, em que a rua é coberta de palha até a altura do joelho e a aldrava da porta é retirada quando Miss Crawley fica doente.

3 De acordo com Sir W. M. Flinders Petrie, o vidro era conhecido desde 12000 a.C. no antigo Egito, embora os vidros mais puros datem de 7000 a.C. Veja G. W. Morey, *The Properties of Glass* (Nova York, 1938), p.12.

86   R. MURRAY SCHAFER

vez, a produção de grandes placas polidas de vidro plano, de espessura relativamente uniforme, com as quais era possível fazer excelentes espelhos e preencher aberturas de grandes janelas.

Por muito tempo houve um imposto sobre janelas de vidro. Na Grã-Bretanha, quem ocupava uma casa com dez janelas tinha de pagar uma taxa anual de 8 xelins e 4 *dimes*[4] em 1776, valor que subiu para 2,16 libras em 1808. A elevada alíquota continuou até 1825, quando caiu pela metade e as casas com sete janelas ou menos foram declaradas isentas. Quando os impostos especiais sobre o vidro foram revogados, em 1845, o setor entrou imediatamente em um período de rápido crescimento. Um símbolo de seu triunfo foi o Palácio de Cristal, de 1851, que tinha cerca de trezentos mil metros quadrados de vidro.

Durante o século XX, as ruas comerciais de todas as cidades aos poucos viram o romântico trabalho com pedras ser abandonado, trocado por grandes e vistosas vitrines, enquanto, acima delas, edifícios com torres que haviam abolido as janelas as substituíam por peles de vidro. Da rua, é possível ver o interior das casas, antes privado e misterioso; das torres, executivos contemplam a linha do horizonte e vislumbram distantes metas e objetivos. Nada disso é novo. Temos vivido com isso há algum tempo. Nossa preocupação é com a mudança de percepção trazida pelo envidraçamento.

A janela de vidro foi uma invenção de grande importância para a paisagem sonora, emoldurando eventos externos em um "silêncio" não natural, do tipo fantasmagórico. A diminuição da transmissão sonora, embora não imediata e ocorrendo apenas gradativamente, com o aumento da espessura do vidro, não apenas criou a noção de um "aqui" e um "ali", ou um "além", mas também introduziu uma divisão nos sentidos. Hoje, pode-se ver um ambiente enquanto se ouve outro, por meio de um filme durável que separa os dois. As placas de

---

4 Xelim [*Shilling*] – moeda que, até fevereiro de 1971, representava a vigésima parte de uma libra esterlina britânica, ou seja, £ 0,05. *Dime* corresponde à décima parte da moeda, ou seja, £ 0,10 (também usado nos EUA e demais países anglófilos para se referir de forma genérica às moedas de dez centavos). (N.T.)

Figura 13
As janelas de vidro no século XVIII podem, na verdade, ter aumentado o ruído urbano, na tentativa de obstruí-lo. "The Enraged Musician", de *The Works of William Hogarth*, v.1, Londres, s.d.

vidro quebraram o *sensorium*, substituindo-o por impressões visuais e auditivas contraditórias.

Com a vida no interior, duas coisas opostas se desenvolveram: a grande arte da música e a poluição sonora – pois os ruídos eram os sons mantidos do lado de fora. Depois que a arte da música se deslocou para o interior, a música de rua tornou-se particularmente um objeto de escárnio. A célebre gravura *O músico enfurecido* [The Enraged Musician], de Hogarth, põe em evidência o conflito. Um músico profissional, de dentro da habitação, tampa os ouvidos com as mãos, em agonia, enquanto do lado de fora de seu estúdio um sem-número de atividades sonoras ocorrem: um bebê chora, um homem afia facas em uma pedra de amolar, crianças brincam com matracas e tambores, muitos ambulantes vendem louça com a ajuda de sinos e apitos, e um mendigo vestido com farrapos escolhe a janela do músico para fazer uma

88   R. MURRAY SCHAFER

serenata de oboé. O antagonismo que se desenvolve entre a música e a paisagem sonora pode ser percebido com mais clareza ao se comparar a gravura de Hogarth com a praça da cidade pintada por Brueghel, do século anterior. A gravura de Hogarth contém janelas de vidro. A pintura de Brueghel, não. As pessoas da tela de Brueghel vão à janela aberta para ouvir; o músico de Hogarth vai à janela para fechá-la.

Em um estudo sobre contos de fada, Marie-Louise von Franz mostra que o vidro "isola as pessoas apenas no que se refere à sua atividade física [...]. Mentalmente, as pessoas não estão isoladas. Podem olhar para tudo através do vidro, praticamente sem serem perturbadas, pois podem ver tão bem quanto se ele não estivesse ali [...] mas ele isola o contato físico [...]. As pessoas muito frequentemente dizem: "Parece que existe uma parede de vidro [...] entre mim e meu ambiente". O que quer dizer: "vejo perfeitamente bem o que está acontecendo, posso falar com as pessoas, mas o contato físico e os sentimentos, o contato caloroso, estão isolados pela parede de vidro".[5] O mundo dos sons e texturas, o palpitante mundo cinético, fica de fora. Nós ainda o vemos se mover, mas, de nossa posição (geralmente sentada) dentro de casa, nosso contato físico com ele cessou. O mundo físico "está lá"; o mundo da reflexão e da especulação está "aqui". Sem nossa participação, o "lá" tende a se tornar: a) desértico (como no entorno de modernos apartamentos residenciais); b) esquálido (como nas densas áreas urbanas); ou c) romantizado (como através da janela de um *resort*).

Na verdade, poder-se-ia argumentar que o ruído na cidade aumenta de acordo com a espessura do vidro. As lindas janelas francesas ao longo das avenidas das cidades europeias dos séculos XVIII e XIX, agora embaçadas, uma vez que seus prósperos inquilinos anteriores as abandonaram em troca de residências mais silenciosas, documentam como essas janelas, antes suficientes para resistir às ruas barulhentas, há tempos tornaram-se inadequadas. Essas janelas foram feitas para serem abertas; não selavam totalmente o

---

5 Marie-Louse von Franz, *Individuation in Fairy Tales* (Boston e Londres, 1990), p.15.

ambiente como o fazem as janelas dos quartos de hotéis modernos, que não se abrem.

Quando o espaço interior é totalmente isolado, ele demanda reorquestração: essa é a era do Musak e do rádio, uma forma de decoração interior projetada ou introduzida de forma irrefletida para reenergizar o espaço e torná-lo sensorialmente mais completo. Agora, o interior e o exterior podem tornar-se totalmente contraditórios. O mundo visto através da janela é como o mundo de um estúdio de cinema, com o rádio como trilha sonora. Lembro-me de viajar em um vagão panorâmico de um trem que passava pelas montanhas Rochosas, ao som de uma música sentimental reproduzida no sistema de som PA,[6] enquanto eu pensava: este é um filme de viagens sobre as montanhas Rochosas – nós não estamos aqui.

Quando a divisão entre "aqui" e "lá" estiver completa, a parede de vidro se tornará tão impenetrável quanto a parede de pedra. Mesmo os ladrões a respeitarão. Vidro despedaçado é um trauma que todos anseiam evitar. "Ele deverá governá-los com uma vara e quebrá-los como louça" é uma potente imagem acústica da Revelação (2:27). Um som fundamental da paisagem sonora do Oriente Médio em circunstâncias normais, a louça torna-se um sinal de violência quando quebrada. Para nós, isso também é verdade com relação ao vidro. E, ainda, não se pode deixar de sentir que a separação corpo-mente do mundo ocidental será sanada apenas quando se quebrarem alguns dos vidros nos quais encasulamos nossa vida, permitindo-nos habitar, de novo, um mundo no qual todos os sentidos interajam, em vez de se porem em oposição.

A paisagem sonora abarrotada

De vez em quando, quando estou em uma cidade sem nada para fazer à noite, ligo a televisão do hotel para assistir ao noticiário.

---

6 Som PA – sigla para *Public Address*, em inglês: um sistema público de transmissão sonora. (N.T.)

90 R. MURRAY SCHAFER

Como nunca vejo TV em casa, sempre me surpreendo com as imagens, em particular com a magnitude das multidões que com frequência têm aparecido no noticiário nos últimos anos. Antes, uma potente multidão poderia ser relativamente pequena; foram necessários apenas 8 mil comerciantes e artesãos para tomar a Bastilha e iniciar a Revolução Francesa. Mas, para ter a metade da esperança de cumprir sua missão hoje em dia, uma multidão parece necessitar de meio milhão de cidadãos, ou mais, em levante. Naturalmente, a população do mundo está crescendo com rapidez – espera-se que quadruplique entre 1950 e 2050, de acordo com estatísticas da ONU –, e a lente de amplo alcance da câmera de TV nos mostra um espetáculo vívido do que está acontecendo. Mas a grandeza das multidões chega melhor em imagens do que em som. Podemos vê-las de um helicóptero, ou do alto de um telhado, como uma massa fervente, atrás da voz do repórter, mas só a ouvimos pelo tempo necessário para nos convencermos de que sua união é de fato digna de ser noticiada, e nunca com o alarido de múltiplas frequências de uma verdadeira multidão.

Isso se deve apenas parcialmente às limitações do alto-falante da TV; trata-se, também, de uma questão de atitude ou, para ser mais preciso, de uma questão de medo. As democracias liberais têm uma boa razão para ter medo do povo, pois elas funcionam melhor como assembleia de minorias com vários pontos de vista. A multidão, reunida para um propósito, tem somente uma voz. Essa é sua ameaça para a democracia, esse grito bárbaro, essa inflexível demanda, essa única proclamação rugida.

A questão da multidão se tornará cada vez mais significativa nas próximas décadas. Elias Canetti a analisa em detalhes em *Massa e poder*, catalogando tipos de multidão e discutindo a psicologia existente por trás de sua formação e dispersão. Estou particularmente interessado no fenômeno acústico, o verdadeiro fenômeno que quase nunca temos autorização para perceber na mídia. No início de seu livro, Canetti enfatiza a importância do toque em qualquer situação de multidão.

VOZES DA TIRANIA **91**

É somente em uma multidão que o homem pode se libertar de seu medo de ser tocado. Essa é a única situação na qual o medo se transforma em seu oposto. A multidão de que ele precisa é a multidão densa, na qual um corpo é pressionado contra outro; uma multidão cuja constituição física também é densa ou compacta, de modo que ele não mais percebe quem é que o pressiona.[7]

O toque e o som são intimamente conectados; nas frequências mais baixas, o tato e o som se encontram, à medida que um tom pedal se quebra em uma pulsação que vibra. Essa intimidade encoraja a multidão densamente compactada a invocar o som como sua arma mais potente. De qualquer outro modo, ela fica vulnerável à penetração e desunião pelos oponentes mais bem armados, que buscam neutralizá-la pelo lado de fora. É, antes de tudo, com sua voz que ela se defende e procura manter-se invencível. A multidão urra, a multidão canta, a multidão grita – não se contam as vozes; há apenas uma voz. Se ela contém entre seus membros indivíduos que ainda não se renderam totalmente a seu propósito pelo encorajamento do toque, o som reforçará o oferecimento da vibração.

Penso que foi em *The Arrow in the Blue* que Arthur Koestler descreveu sua conversão final ao comunismo enquanto cantava "A Internacional" em uma multidão, depois de todo o debate consigo mesmo a respeito do tema não ter produzido nenhuma decisão firme. Do mesmo modo, há uma passagem nas *Confissões* de Santo Agostinho em que o destino de um homem que havia participado de espetáculos de gladiadores foi selado depois de reentrar no redemoinho de uma multidão. "Se ele pudesse apenas ter fechado seus ouvidos!", grita desesperadamente Santo Agostinho.

Há muitas maneiras de caracterizar uma multidão, por seu propósito, por seu credo, ou por seus números; isso é o que os explicadores, os homens da mídia e os políticos, tentam fazer. Mas, vocalmente, a multidão está além de todo entendimento. Quantas

---

7 Elias Canetti, *Crowds and Power* (Nova York, 1981), p.15-6. [Ed. bras.: *Massa e poder*. São Paulo: Companhia das Letras, 1995.]

92 R. MURRAY SCHAFER

nuanças são detectáveis em seus gritos? Alegria... raiva... exasperação... zombaria... emoções rudimentares, às vezes caóticas, mas, com mais frequência, ritmicamente unificadas na repetição de slogans, pois, a menos que a multidão fale com incisão rítmica, ela pode ser quebrada, atacar a si mesma internamente e ser conduzida.

Seu principal meio de expressão é a voz; mas também há outros mecanismos. Por exemplo, os muçulmanos xiitas "transformam sua mão direita em um tipo de concha e, violenta e ritmicamente, batem em si mesmos com elas, abaixo do ombro esquerdo. Um som cavo se segue, simultaneamente produzido por muitas mãos, que pode ser ouvido à distância, de maneira muito efetiva".[8] Multidões militares costumavam bater suas espadas ou lanças contra os escudos, de maneira muito similar, ou, usando seus escudos como ressonadores, gritavam dentro deles para produzir um ruído ainda maior. Com esse barulho, os exércitos procuravam se embriagar com poder, e crônicas militares contêm relatos de batalhas que foram vencidas somente pelo barulho de um exército.

Em qualquer situação barulhenta, declarações vocais devem ser curtas e paratáticas, como se fossem comandos militares. No início do século XX, o ruído urbano tinha crescido a tal ponto que começou a afetar os escritores de maneira similar e, entre eles, os primeiros foram os futuristas, liderados por F. T. Marinetti. "Por meio de uma linguagem desarticulada, febril e com determinada postura, Marinetti foi capaz de captar algo do sentimento de uma multidão humana em movimento." Esse texto é de István Anhalt e comenta a retórica de Marinetti em um livro no qual mostra desenvolvimentos paralelos na música do século XX. A prosa de Marinetti é "o texto de um pôster, uma proclamação, ou uma série de títulos". É uma linguagem palpitante, agressiva e insistente, que não aceita diferenças de opinião, dispensando a necessidade de reflexão, intolerante e destrutiva.[9] Em seu *Manifesto Futurista*, Marinetti proclamou: "cantaremos as grandes multidões, entusiasmadas pelo trabalho, pelo

---

8 Ibid., p.176.
9 István Anhalt, *Alternative Voices* (Toronto, 1984), p.9.

VOZES DA TIRANIA 93

Figura 14
As multidões militares do século XX ajudaram a transformar a fala em um conjunto de proclamações agressivas e palpitantes.
Fonte: Heinz Hohne, *The Order of the Death's Head* (Nova York, 1969).

94 R. MURRAY SCHAFER

prazer e pelos tumultos; cantaremos as multicoloridas e polifônicas marés da revolução nas modernas capitais".[10]

A influência dessas multidões-corais é evidente em muitas músicas contemporâneas, primeiramente nas enormes orquestras de Berg e Schoenberg e, depois, na organização estatística das obras de Xenakis, bem como nos *clusters* e efeitos agregados de Ligeti e nas explosões vocais da turba de Lutoslawski e de outros membros da Escola Polonesa. O poder da multidão está sempre presente no rock, que não poderia existir sem ela. "Ninguém vai a um concerto de rock a menos que esteja drogado ou seja idiota", disse-me um adolescente, e, ainda assim, todo mundo vai. E a música ricocheteia dos rádios dos carros e das janelas abertas de motoristas, pelas ruas e por sobre as cercas dos quintais, e extravasa do *walkman* do passageiro de ônibus ao seu lado, onde ninguém fala, e você compreende que a música é a cola da moderna cidade multirracial, multilinguística, que a mantém unida de forma mais eficaz do que qualquer sistema político ou social; e você se permite ter esperança de que ela continue a realizar essa tarefa, temendo as consequências caso isso não ocorra. Sem as ter experimentado, pode-se acreditar que há formas mais violentas de intolerância do que a tirania dos alto-falantes.

Certa vez, encontrei um italiano que estava envolvido em um estudo comparativo das entonações da fala de Mussolini e Hitler: o uso preciso de anacruses e tempos fortes, as suspensões, o tempo dado aos pontos de exclamação e interrogação – todos os truques da demagogia para manter as multidões hipnotizadas. O microfone acrescenta outra dimensão ao crescimento e ao silenciar de uma multidão. O político clássico gosta de ouvir a própria voz se expandindo em praça pública, de modo que, mesmo quando fala em espaços internos, grita ao microfone que é colocado a certa distância dele, a fim de captar a reverberação, como uma retroalimentação reforçada. Ainda se podem ouvir tais políticos na Europa Oriental ou na América Latina, em que seu aparecimento no rádio ou na TV é, em geral, precedido por uma banda de música.

---

10 Marinetti, *Selected Writings*, ed. Robert W. Flint (Londres, 1972), p.42.

VOZES DA TIRANIA   95

O estilo também é preferido pelos acadêmicos, como tive oportunidade de ver em uma conferência a respeito de "Novas dimensões da comunicação", em Buenos Aires, em abril de 1992, durante uma violenta tempestade de outono. Sob um telhado de aço ondulado, contra o qual a chuva batia como se fosse um milhão de metralhadoras, meia dúzia de professores se alternava, gritando ao microfone diante de uma multidão de quinhentos alunos confusos. Quando chegou a minha vez de falar, sugeri que ouvíssemos a tempestade por um momento, pois não se podia ouvir mais nada; mas o microfone era um objeto muito tentador para ser deixado desocupado por muito tempo, e logo alguém o retomou, gritando contra ele, enquanto centenas de ouvidos se curvavam para a frente, tentando distinguir as sílabas do cuspe.

Em contraste, o político de democracias mais avançadas prefere que sua voz esteja próxima ao microfone, para acalmar as ansiedades de seu público; ele tenta estar na mesma sala do seu ouvinte, para confortá-lo como um velho amigo da família. (Quase sempre há um *script* em evidência que dá um ar de razoabilidade adicional à cena.) O político clássico precisava da multidão e desenvolvia habilidades para manipulá-la; o político moderno projeta sua retórica de modo a evitar a formação de multidões.

A Inglaterra fornece uma interessante anomalia, pois no Parlamento britânico é permitido ouvir os que falam sim e não, em geral em ruidosa confrontação. Isso se dá porque o Parlamento britânico provém de um tempo de retórica aural, em vez de discursos escritos, uma característica que o une à Atenas de Péricles, assim como às democracias consensuais de todos os lugares. Eis aqui Tacitus, falando às tribos germânicas no século I d.C.:

> Quando a multidão reunida pensa adequadamente, toma seus assentos totalmente armada. O silêncio é, então, ordenado pelos sacerdotes, que nessas ocasiões têm poder para exigir obediência. Depois, essa escuta é deslocada para o rei ou chefe de Estado, como lhe pode ser assegurado por sua idade, posto, distinção militar ou eloquência – mais porque seus conselhos têm peso do que por seu poder

de comando; se uma proposta desagrada, o povo grita sua discordância; se ele a aprova, bate suas espadas. Expressar aprovação com as armas é o meio mais cortês de mostrar concordância.[11]

Antigamente, as assembleias eram realizadas não raro em uma rocha, e a solidez do lugar do encontro dava firmeza às soluções alcançadas. Todos estavam presentes. A elevação da voz de alguém nessas reuniões não indicava necessariamente raiva, apenas dramatizava a magnitude do assunto em discussão – do mesmo modo que nós elevamos nossa voz hoje com frequência durante uma chamada telefônica intercontinental. Naqueles dias, a sociedade era quase sempre definida pelo alcance da voz humana (não amplificada). Lembramos que a república ideal de Platão deveria ter 5 mil pessoas, pois um número maior tornaria impossível ouvir o orador.

"Você conhece Vezélay?", perguntou certa vez o general De Gaulle a André Malraux. "Como os cavaleiros abaixo ouviam a voz de São Bernardo, que falava sem microfone?"[12] A data era 31 de março de 1146, quando São Bernardo orava para uma multidão estimada em 100 mil cavaleiros e soldados, para dar início à Segunda Cruzada, a partir de uma colina situada do lado norte da montanha de Vezélay. A colina ainda está lá, marcada por uma cruz sob a qual um amplo campo inclinado foi preservado. É aí que, presume-se, a assembleia se reunia. O que é interessante em termos de acústica (e parece que De Gaulle sabia disso) é que os ouvintes ficavam abaixo do locutor. Em geral, se esperaria que as ondas sonoras subissem – razão pela qual os anfiteatros são ordenados em direção ascendente. Como recordo, o Pnyx, onde a Assembleia grega se reunia, era também em declive, a partir da tribuna do orador; mas o número médio de cidadãos que lá comparecia tem sido estimado em não mais do que 2 mil ou 3 mil. O Areopagos, em Atenas, também era uma colina onde eram proferidas palestras. São Paulo pregava lá, embora,

---

11 Tacitus, *The Agricola and the Germania*, trad. M. Mattingly e rev. S. A. Handford (Harmondsworth, Middlesex, 1970), p.111.

12 André Malraux, *Les Chênes qu'on abat...* (Paris, 1971), p.36.

VOZES DA TIRANIA   97

é claro, para um pequeno grupo.¹³ Seus discursos foram preservados, mas o texto de São Bernardo se perdeu. As palavras perdem a importância à medida que a multidão cresce.

Não seria essa situação mais parecida com os encontros que Gandhi mantinha com públicos de importância similar, em que os ouvintes já conheciam o texto e estavam lá para sentir o *darshan*, ou a aura, do palestrante, em vez de suas palavras precisas?

Figura 15
A montanha de Vezélay, na França, onde São Bernardo pregou a Segunda Cruzada para um grupo de 100 mil cavaleiros e soldados em 1146. Pergunta: como eles foram capazes de ouvi-lo?
Fonte: *Magazin du Pélerin*, Vezélay.

Escrevendo no despertar do Nazismo, Canetti devota alguns parágrafos à multidão silenciosa: a multidão das vigílias à luz de velas, das marchas pacíficas contra o aumento de armas nucleares, as multidões religiosas "unidas perante Deus", ou a multidão muda diante da cena de um desastre. Talvez a memória do holocausto fosse muito imediata para ele. Mas a multidão silenciosa merece atenção e,

---

13 Canetti, op cit., p.42.

98 R. MURRAY SCHAFER

num mundo cada vez mais apinhado de gente, pode ser a nossa única esperança, antes que todos nós sucumbamos ao tumulto.

Quando a humanidade moderna trocou a vida no campo pela vida na cidade, quando abandonou os espaços abertos em troca da densa embalagem das megalópoles, quando o despertador substituiu o amanhecer e o ruído da fábrica obliterou o vento, a chuva e os pássaros, quando a dormência da vida natural se rendeu ao louco entusiasmo para prosperar, ao atrito do aumento do contato humano, ao inferno das outras pessoas, como disse Sartre, ela substituiu o grande jardim geobotânico que tinha sido a cena da existência passada e a vida silenciosa que ele promovia. Será que ela foi apagada da memória, ou uma nova consciência ecológica pode ajudar a recuperá-la? Poderão exercícios individuais e, sobretudo, meditações coletivas trazer de volta a vida contemplativa, como um antídoto para a formação de multidões cada vez maiores e mais insatisfeitas? Os líderes espirituais vêm trabalhando incansavelmente para instilar essa consciência e, hoje, há sinais de que terapeutas de todos os tipos, e até mesmo professores e artistas, estão começando a se juntar a eles.

Parece que o que precisamos é de rituais de tranquilidade nos quais grandes grupos de pessoas possam sentir a serenidade de uma experiência compartilhada, sem o desejo de proclamar suas emoções em uma ação destrutiva ou desfigurada. Nesse sentido, poderíamos outra vez estudar o modelo do público de concerto no Ocidente para determinar se ele poderia ter significação mais ampla ou evolutiva. Quando pensamos nisso, damo-nos conta de quão surpreendente é o público de concerto, sentado silenciosamente ante a música, quase sem respirar, engolfado pelas misteriosas vibrações no ar à sua volta. Suponho que cada peça de música anseie ser adorada em silêncio, mas poucas conquistam tal distinção, e algumas a conseguem somente pela autoridade do hábito, e não pelo privilégio da beleza. Não raro imagino se o ritual dos concertos não poderia ser transportado para outros ambientes e transformado em uma contemplação coletiva de um coro de pássaros ao nascer do sol, um solstício de verão ou a celebração do Dia da Terra.

Eu a deixarei assim, com um pensamento esvoaçante de outra multidão silenciosa, a de bilhões e bilhões de espermatozoides apressando-se cegamente a cada segundo em direção a seu objetivo de manter e ampliar a vida humana no planeta.

5

A PAISAGEM SONORA CANADENSE

Em 1974, ou por volta disso, sugeri que a Canadian Broadcasting Corporation (CBC) considerasse usar o canto da mobelha-grande (*Gavia immer*)[1] como vinheta, para separar os programas. Pensei que a CBC precisava de espaço para neutralizar a impressão de que todos os seus programas eram produzidos em pequenas salas em formato de *donuts*, construídas pelos anões do Anel dos Nibelungos. É claro que ninguém deu atenção à sugestão e, desde então, os programas ligam-se uns aos outros por *twitters* eletrônicos compostos por arranjadores cuja inspiração paira em algum lugar entre as virilhas e as axilas.

Mas, caso se queira um som natural para representar o Canadá, o da mobelha-grande seria mais apropriado, pois esse pássaro passa tanto o verão quanto o inverno no Canadá. Variantes conhecidas pelos norte-americanos são as mobelhas pequena (*Gavia stellata*), ártica (*Gavia arctica*) e a de bico amarelo (*Gavia adamsii*). A mobelha-grande não é cidadã estadunidense, não passa o inverno na Flórida ou no Havaí, nem é ouvido no Brasil, na Somália ou na Coreia.

---

1 No original, *"loon"*: ave aquática do gênero Gavia típica do Canadá, caracterizada pelo canto prolongado e lamurioso. Símbolo do país, sua figura é estampada em moedas canadenses, conhecidas como *loonies*. (N.T.)

102 R. MURRAY SCHAFER

O chamado da mobelha-grande é uma verdadeira e inimitável marca sonora do Canadá. Ele é reconhecido por todos os canadenses que passam algum tempo em casas de campo ou fazem passeios de canoa durante os meses de verão, e pertence à seleta classe de emissões orais que, uma vez ouvidas, nunca são esquecidas. O chamado da mobelha-grande tem duas partes: um yodel[2] lento e obstinado, semelhante a uma risada maníaca no final, que pode deixar os cabelos do ouvinte em pé por ser repentino e se parecer com uma voz de mulher. Eu o usei como modelo na ária não acompanhada da princesa, em *The Princess of the Stars* [A princesa das estrelas, 1981], em que ela flutua pelo lago, na abertura e na parte final da obra. *A princesa* é, provavelmente, a obra mais canadense que já escrevi, se canadense for definido como algo que reflete com autenticidade o hábito de viver em um lugar que se conhece e ama.

Todas as descrições acuradas de sons são biográficas, baseadas na experiência pessoal. Qualquer outra forma seria romântica ou ilusória. Assim, tudo o que posso fazer nestas páginas é rastrear um pouco dos muitos sons que estiveram próximos de mim, nas partes do Canadá que conheci.

Meus pais vieram das pradarias de Manitoba e, quando criança, eu passava as férias de verão na fazenda do meu avô. Lembro-me do chiado constante do moinho de vento e do zumbido das colheitadeiras quando o trigo era ceifado. Em um carrinho puxado por um pônei, eu costumava ir até os homens no campo para lhes entregar sua refeição, pois trabalhavam quase sem cessar durante a colheita. Às vezes, íamos montados nos cavalos, à noite, e, embora o som de seus cascos não fosse novo para mim (naquela época, o leite e o pão ainda eram transportados por carros puxados a cavalo em todas as cidades canadenses), o bater dos cascos sem ferraduras na relva da pradaria trazia a mais vívida impressão, provavelmente porque me lembrava dos filmes de *cowboy*. Anos mais tarde, quando li *Over*

---

2 No original, *"yodel"* : canto cuja característica é a constante mudança de um tom para o outro, provocando um efeito de trinado muito rápido, típico do Tirol. (N.T.)

VOZES DA TIRANIA **103**

Prairie Trails, de Frederick Philip Grove, aquele som voltou a mim, pois o livro de Grove descreve o deslocamento que ele fazia, toda semana, de sua casa até a escola onde era professor, a 25 milhas de distância, em uma charrete puxada por cavalos, no verão, e em um trenó, no inverno. Não raro as viagens eram realizadas à noite, na neblina, ou em meio a uma tempestade de inverno. A navegação, então, era feita com os ouvidos, e não com os olhos.

Por fim, um som estrondoso me fez levantar. Estávamos cruzando a "ponte das 12 milhas". Apesar de estar sonhando, eu observava atentamente qualquer sinal na paisagem, mas esse era o único que tinha percebido até agora, e viera até mim pelos ouvidos, não pelos olhos.

Eu havia me tornado um ouvido. Muito embora minha charrete fosse silenciosa, e a estrada, revestida com uma fina camada de barro macio, eu podia ouvir claramente, pela batida abafada dos cascos dos cavalos no chão, que eles estavam percorrendo uma ladeira.

Eu ouvia atentamente a batida de seus cascos. Sim, era de novo aquela batida abafada – eu estava na última ladeira que levava a uma estrada inclinada, na beira do pântano [...].[3]

Grove vivia em Rapid City, a poucas milhas de distância da fazenda do meu avô. A mais surpreendente lembrança dos verões da minha infância ali é a batida da porta de tela na cozinha, um som que ouvi repetidas vezes durante toda a minha vida em todo o Canadá, e quase em nenhum outro lugar. Aquelas molas em espiral devem ter sido vendidas a três quartos das propriedades rurais no Canadá, tornando-se as mais prevalentes marcas sonoras domésticas nos meses de verão.

Os nativos das pradarias falam do vento onipresente; mas, quando vejo a poeira em minha memória da infância, não ouço o vento. O romancista de Saskatchewan, W. O. Mitchell, escreveu uma odisseia na qual o vento é o *leitmotif*. *Who Has Seen the Wind*

---

3 Frederick Philip Grove, *Over Prairie Trails* (Toronto, 1951), p.34.

104   R. MURRAY SCHAFER

é, de muitas maneiras, a contraparte de *A estepe*, de Tchekov, pois o herói de ambas as novelas é um menino.

> Seus ouvidos se preencheram com o som do vento, que cantava feroz, perdido e solitário, subindo e subindo de novo, raspando alto e mais alto ainda, entoando vibratos em um vazio, sempre e sempre selvagem [...].[4]

> Ele descobria que muitas coisas simples e não relacionadas podiam fazer o mesmo sentimento aumentar mais e mais dentro dele, até ter certeza de que não poderia mais contê-lo. O vento conseguia fazer isso com ele, quando passava pelas folhas do álamo, quando fazia os fios do telefone vibrarem e zunirem pela estrada vazia da pradaria, quando arrepiava as penas de um dos galos de Sherry que permanecia abandonado em um quintal vazio, quando levava até ele o cheiro nativo de uma pilha de palha queimada. Certa vez o sentimento foi provocado pelo som do serrote de Gaffer Thomas, que zumbia impacientemente do outro lado da cerca, detrás de O'Connal; em outra ocasião, pelo crocitar de um corvo [...]. Ele notava que o som era sempre mais requintado nas pradarias, ou quando o vento soprava.[5]

Outros escritores têm salientado a calma do vento nas pradarias, o jeito como ele preenche nossos ouvidos e não trai o movimento.

> Mesmo um furacão é relativamente inaudível, pois não há água para arremessar, florestas para rugir, nenhuma superfície para ressoar, enquanto a grama baixa não mostra nenhum ruído perceptível; e há algo horrível na pressa titânica de conter as forças naturais, as quais podem ser sentidas, mas não vistas ou ouvidas. O vento a uma velocidade de sessenta milhas por hora pode aniquilar a respiração, e as nuvens podem passar rapidamente pelo céu, como se em

---

4 W. O. Mitchell, *Who Has Seen the Wind* (Toronto, 1947), p.270.
5 79 Ibid., p.122-3.

um tornado, mas nenhum som perturba o ouvido. Uma nevasca de inverno, que destrói a vida com sua gélida respiração, que cega os olhos e conduz partículas de gelo e neve com força cortante contra a bochecha congelada, e atravessa tudo, até os casacos de pele mais pesados, é comparativamente inaudível, e o viajante parece lutar em vão contra uma força implacável, fantasmagórica, que preenche toda a criação. Quando, também, a natureza não é perturbada no tranquilo humor do verão, e o céu é azul e salpicado por nuvens fofas que flutuam ao longe, lá no alto, todos os sons parecem ter desaparecido do mundo, e um manto de silêncio envolve tudo. Partilhando do sentimento natural predominante, o homem também se torna silencioso; para de falar com seus companheiros e torna-se melancólico e taciturno.[6]

Embora tenham se mudado para o Leste depois de casados, meus pais eram ambos das pradarias; minha mãe sentia falta da vastidão do céu, e meu pai manteve dentro de si o caráter taciturno do isolamento das pradarias, até morrer. Talvez tenha herdado alguma coisa dos índios, que conhecia dos acampamentos nas planícies e que respeitava. Ele sempre admirou a eloquência indígena. Ela não tem pressa e, aparentemente, não é retórica.

Pela etiqueta indígena, uma pessoa fala até que termine de dizer o que quer. Não é educado interromper e, consequentemente, para os ocidentais, as conversas indígenas parecem se caracterizar por uma série de pequenos discursos. Para os índios, a prática dos ocidentais com frequência não é cortês – como um missionário notou, há cerca de um século e meio: "eles ficam muito contrariados com a maneira com que alguns homens brancos fazem perguntas em cima de perguntas, sem lhes dar tempo para responder de forma apropriada a qualquer uma delas. Os índios, ao contrário, nunca fazem uma segunda pergunta enquanto não recebem uma resposta completa

---

6 C. A. Kenaston, The Great Plains of Canada, in: *Tales of the Canadian Wilderness* (Secaucus, N. J., 1985), p.4.

106 R. MURRAY SCHAFER

para a primeira. Dizem que quem não age assim aparenta querer saber alguma coisa, mas não se importa em sabê-la corretamente".[7]

Se o ambiente influencia o comportamento, o ambiente silencioso das regiões selvagens do Canadá certamente afetou a fala indígena. Os canadenses ainda a conhecem das transmissões políticas, em que praticamente as únicas vozes não anasaladas e metálicas, como carros de segunda mão de vendedores, pertencem aos povos nativos. Mas meu pai tinha essa maneira quieta de falar, e acredito que esse era um hábito da maior parte dos canadenses nativos, antes de as agitações urbanas acelerarem e atropelarem os ritmos. Embora isso esteja sendo gradativamente tirado de nós, o isolamento é um hábito canadense, herdado de um ambiente natural no qual as vozes da natureza viva permanecem mudas ao longo de metade do ano. Os canadenses da cidade não entendem isso; eles preferem a constante comoção e tagarelice nas incubadoras de palmeiras em vaso de seus blocos de escritórios, ao estilo "nova Flórida".

"Lindo lugar para uma cidade", disse um holandês enquanto viajávamos de trem, cruzando as pradarias. O antigo ambiente estofado da Holanda ainda bate em sua cabeça. O holandezinho não vê nada mais do que espaço vazio, esperando para receber uma Nova Amsterdã. Para o resto do mundo, o Canadá é um lote desocupado.

Algumas dessas ilusões de grandeza nos deixaram interessantes mausoléus de acústica notável, como as estações de trem feitas de mármore, construídas durante a grande era das viagens em ferrovias, agora quase desertas. Talvez em nenhum outro país do mundo alguém poderia se dar o luxo de ser praticamente o único frequentador de um edifício erguido para uma multidão, enquanto se espera a tardia chegada noturna de um trem continental, como ocorreu comigo em 1985, em Regina. Quando cheguei, a estação estava fechada, mas um jovem a abriu para mim e, então, voltou ao seu guichê de venda de bilhetes. Tossi e ouvi a reverberação, que durou seis

---

7 Elizabeth Tooker, *Native North American Spirituality of the Eastern Woodlands* (Nova York, 1979), p.70.

VOZES DA TIRANIA **107**

segundos. Nas sombras profundas atrás dos altos bancos entalhados, penso ter visto fantasmas e ouço suas vozes no vento de inverno que empurra a porta. O aquecimento a vapor emite cliques continuamente, com ruídos agudos. É quase o único som que se ouve, exceto pelo vento e pelo tráfego abafado lá fora, dificilmente percebido. De repente, o jovem rapaz começa a testar o microfone. Ele faz sons miados nele, diz algumas palavras que parecem ser francesas e, depois, algumas letras do alfabeto e fragmentos de fala – raramente alguma coisa inteligível – que mais pareciam poesia concreta. Vou até ele para conversar. "Será melhor no futuro", ele diz. "A CP Air vai ter um escritório aqui na estação. Isso trará as pessoas de volta aos trens." O telefone toca. "Sim, senhor, às sete horas da manhã", confirma. É a Royal Hudson", explica, "uma locomotiva a vapor. Eles a trazem todo o ano. Muitas pessoas estão telefonando por causa disso." "Uma das maiores", acrescentei. "Não sei, é de antes do meu tempo", concluiu. Volto para onde estava antes e me sento. Um policial entra e bate em uma das portas, na qual está escrito, em letras douradas, "Departamento de Investigação". A porta se abre e outro policial (que poderia ser seu gêmeo) sai. Os dois caminham como *cowboys* pelo chão de ladrilho, com seus calcanhares batendo como balas disparadas em câmera lenta.

A ferrovia figurava proeminentemente na paisagem sonora canadense naqueles dias, pois era o primeiro espetáculo público da máquina, a primeira vez que o público via e ouvia a força do aço em movimento. Ela também criou as zonas de tempo e, com suas pontuais chegadas e partidas, trouxe o relógio para o campo. A impressão que as ferrovias deixaram no nervo auditivo e seu significado para a transmissão genética podem ser deduzidos do fato de que as crianças ainda falam "tchu-tchu" para o trem, embora as locomotivas a vapor não sejam mais ouvidas no Canadá há cinquenta anos. Outro som que persiste é o apito de três tons (afinados em Mi*b* Maior), ainda em uso nas ferrovias canadenses, honrando respeitosamente o apito de três tons da clássica máquina a vapor. Antigamente, o Canadá era marcado por passagens de nível, de modo que o sinal longo-longo-curto-longo, que soava à aproximação de todos os trens, consistia uma genuína marca sonora canadense; mas hoje, com a gradual remoção das passagens de nível em áreas construídas, apenas no meio rural ela pode ser de fato apreciada.

"Eles vão para a Riviera e Paris, mas não lideram expedições de descoberta em sua própria terra", disse o pintor do Grupo dos Sete, A. Y. Jackson. O mesmo poderia ser dito a respeito da paisagem sonora canadense, a julgar pela pouca atenção que tem recebido até hoje. Até mesmo eu, que viajei e trabalhei em muitas partes do país, de Saint John a Vancouver, encontro poucas notas em meus diários e cadernos que celebrem tais descobertas. Na verdade, foi somente quando me assentei em Monteagle Valley, na parte centro-sul de Ontário, em 1975, que algo semelhante a um arquivo consistente de observação emergiu. Minha esperança de produzir um registro que ilustrasse as transformações da paisagem sonora em um único lugar no transcorrer de um ano ainda não se concretizou, mas encontro notas, feitas nos anos seguintes à minha mudança para Monteagle Valley, que dão uma leve noção dos ritmos anuais que formam um pano de fundo para uma década de meu trabalho como compositor.

5 de janeiro. Esta manhã, bem cedo, fui pegar a correspondência. A noite tinha sido muito fria, talvez tenha chegado a quarenta graus abaixo de zero e, da floresta que circunda a casa, eu pude ouvir os galhos das árvores sacudindo, às vezes tão suavemente que o ouvido quase nunca conseguia distinguir o som; em outros momentos, era tão forte quanto tiros de pistola. O som vinha de todos os lugares ao redor da casa, a cada dois ou três segundos, à medida que o sol da manhã se erguia para lançar seu débil calor nos ramos congelados, expandindo-os.

Fevereiro. A luz do sol é brilhante. As sempre-vivas estão segurando a neve em seus longos ramos. Enquanto nossos sapatos de neve afundam cerca de três ou quatro polegadas na neve fresca, recém-caída, e descansam na crosta que está abaixo, emite-se novo som: tuum, tuum. Ontem, na crosta nua, era tuac, tuac.

Figura 16
Monteagle Valley, Ontário. Foto: Cheryl Bronson.

110   R. MURRAY SCHAFER

28 de março. Na pilha de lenha, esta noite, um esquilo vermelho cantava sua canção de acasalamento: uma única nota, muito rápida e destacada, como código Morse, enquanto seu rabo saltava para cima e para baixo, em contraponto. De vez em quando, ele punha uma das patas no peito, o que o deixava parecido com um trovador em miniatura. Ele não parecia se importar com a minha presença e continuou cantando por três ou quatro minutos, em diferentes pontos de apoio, no topo de um ramo, depois em outro.

15 de abril, e a primavera chegou de repente. Não é apenas o clima – uma semana de tempo quente e ensolarado –, embora, sem dúvida, essa seja a razão por detrás de tudo. É o incrível agitar de todas as criaturas vivas nos prados e pântanos. Primeiro, notei os sapos, indistintamente, uma noite, com seu agudo trinado quase inaudível sobre a brisa, com a qual poderiam ser, a princípio, facilmente confundidos; mas, de manhã, o som ficou mais forte, mais confiante. Depois disso, mudava a cada dia; o som agudo começou a desenvolver um trinado e, então, gradativamente, tornou-se profundo, ficando mais vibrante e rouco. Ainda há, felizmente, poucos insetos e nenhum mosquito, mas há pássaros. Do nada, eles vêm em um grande fluxo, em grandes variedades e cores, já se emparelhando e enchendo o ar com suas emocionantes canções. De dentro de um buraco, no celeiro, surgiu uma marmota que se apoiou por um momento sobre suas patas traseiras para cheirar o ar, enquanto o vento arrepiava a pele mofada de sua barriguinha vermelha. Mas não é somente durante o dia que se ouvem os sons da vida. Em muitas noites, fui acordado pelo som de uma escavação furiosa, próxima ao celeiro de madeira, um túnel que soa oco, quase como um colchão repetidamente batido em uma sala vazia. Lembro-me da velha senhora da história de Turgueniev, que ouve as toupeiras escavando o chão. "Isto é quando está bom", diz ela. Eu sempre fiquei intrigado com essa afirmação. Agora sei o que quer dizer. A velha senhora está refletindo acerca do fato de que pelo menos o chão não está congelado e o plantio pode começar logo.

30 de abril. Os gansos voltaram hoje. Durante todo o dia, grandes bandos deles cruzaram o céu, grasnando com força enquanto iam para o

Norte. É um som que se ouve apenas duas vezes ao ano – a última vez no início de outubro, quando eles vão para o Sul.

1º de maio. Quase sempre ouvimos, nestes dias, perdizes tamborilando – um som estridente profundo e acelerado. Ele é causado por suas asas, quando eles as batem rapidamente no ar, mas soa mais como um tambor. Elijah diz que elas são cegas quando tamborilam. Nunca vi uma perdiz fazer essa performance. Jean observa que nunca se vêm os animais no Canadá; aprende-se a respeito deles somente por suas vozes. Não estou certo de que tenha visto alguma vez o pardal-de-garganta-branca, embora eles possam ser ouvidos por toda parte, na floresta que cerca a casa. Incorporei seu canto no Segundo Quarteto de Cordas, e novamente no Terceiro. É estranho que os americanos conheçam o seu canto pelas palavras – "Old Sam Peabody, Peabody, Peabody"[8] – enquanto no Canadá ele permanece sem palavras, ainda bem.

3 de maio. Lá pelas 5h, estava começando a clarear e os sapos aquietavam-se, dando lugar ao canto fluido do rouxinol. O sol já estava alto às 6h15 e, alguns minutos mais tarde, inundava Monteagle Valley, quando um bando de cerca de duzentos gansos voou tão perto sobre a casa que pude ouvir claramente o bater de suas asas. O som era como o de aplausos, apropriado para nossos afazeres do início da manhã no jardim – plantar ervilhas. Eles deviam ter passado a noite em um dos pântanos vizinhos e agora subiam, para retomar sua viagem rumo ao norte. Ouvi falar de viajantes perdidos que encontram água ouvindo os gansos, quando eles pousam à noite – outro exemplo de se "ver" a paisagem com os ouvidos.

25 de maio. Fascinante paisagem sonora ao poente. Os sapos, muito barulhentos, são de dois tipos distintos, as pererecas da primavera,[9] com

---

8 A expressão popular pretende imitar o som do pássaro, que tem dois sons mais lentos e um desenho repetido, que equivale ao *Peabody, Peabody* (Velho Sam Peabody Peabody), nome de uma cidade de Massachussets. (N.T.)

9 No original, *"spring peepers"*. Trata-se de um tipo de rã que canta em grupo, um som muito agudo e penetrante. (N.T.)

112   R. MURRAY SCHAFER

vozes estridentes, e seus companheiros mais profundos, cujo nome não sei, que têm vozes cheias de ornamentos. Estes somente eram ouvidos ao norte do pântano. Pássaros se misturavam aos sapos – pardais-de-cabeça-branca, tordos eremitas e víreos[10] –, as triste-pias[11] já haviam se aquietado. Então, um carro veio pela estrada atrás do pântano. Eu o ouvi vindo do Sul, subindo lentamente pela estrada em direção ao Norte, por cerca de duas milhas, antes que as colinas obscurecessem seu som. A ilusão auditiva que resultou foi impressionante, pois eu não conseguia afirmar que o som do carro tinha se originado por detrás do coro de sapos. Claro, conheço a estrada que passa atrás do pântano, mas não podia afirmar que o carro estava mais distante apenas com base nos sentidos.

21 de junho. Ontem, por volta da meia-noite, ouvi uma alcateia de lobos uivando. O líder começou e então os outros se juntaram a ele, primeiro uivando, depois concluindo com uma espécie de choro tenso. Eles soavam bem perto, certamente em minha própria propriedade (uma maneira estranha de expressar isso) e pararam tão subitamente quanto começaram. E de novo, esta tarde (justamente antes de eu começar a escrever estas notas), eles começaram uma vez mais, de onde parecia ser o mesmo lugar, e continuaram por dois minutos, antes de ficarem subitamente em silêncio. No ano passado, mais ou menos nessa época, ouvimos um lince (ou, ao menos, imaginei que era um lince, pela descrição dos vizinhos, que também o ouviram). Era um som rouco e arquejante, como uma mulher sexualmente excitada.

Uma onda de calor em julho, e Elijah MacDonald chega para me ajudar a cavar buracos para os mourões da cerca. "Boas cercas fazem bons vizinhos", ele diz. Nós cavamos sem conversar muito, enquanto um enxame de moscas negras nos rodeava, deixando nossas faces sangrentas. Toda vez que batemos em um pedregulho, ele o chama de cabeça de chinês e especula a respeito de quão longe teríamos de cavar para de fato sairmos do outro lado da Terra. Continuamos a cavar e a suar. Ele

---

10 "Víreos" são tipos de pássaros canoros comedores de insetos, de plumagem cinza ou verde. (N.T.)

11 "Triste-pias" (*Dolichonis oryzievorus*) são pássaros canoros migratórios da América do Norte. (N.T.)

VOZES DA TIRANIA **113**

sabe que tenho interesse por som e, de vez em quando, espontaneamente faz alguns comentários a esse respeito. "Velhos arados dariam um bom sino de jantar, melhor do que os que se conseguem hoje. O metal era temperado de modo diferente naquela época." Ou: "Um som de que nunca gostei é o do machado batendo nas cabeças das vacas. Podia ser ouvido claramente em todo o vale".

Agosto. Um gavião, lenta e silenciosamente, circula nas correntes de ar quente, quase sem bater as asas, tão lentamente que, mesmo que estivesse mais próximo, continuaria sem som.

5 de setembro. O súbito voo de um pássaro saindo da grama alta – a única coisa capaz de causar sobressalto em um ensolarado dia de setembro em Monteagle Valley.

27 de setembro. Estava deitado entre duas árvores, um choupo e um plátano, e uma leve brisa batia nas folhas das duas. Mas quão diferente era o som! O plátano tremia, mas o choupo se revirava. O som do plátano era fino e impreciso. O do choupo, vivo, percussivo e vibrante. Quando a árvore toda estava em movimento, dava a impressão de ondas em uma costa de seixos. Olhando para cima, notei uma diferença significativa entre as folhas. Enquanto as do plátano sacodem de seus caules, de um lado para o outro, as do choupo eram muito mais livres, revirando-se em um arco de quase 180 graus para um lado e para o outro. Por combinar com outras folhas, a fricção era, então, muito maior. Em especial, havia pequenas batidas que se acrescentavam às ondas de som – minúsculos barulhos percussivos, como disparos de pistolas em miniatura. As folhas do plátano eram maiores e pareciam prontas para produzir um som mais rico (especialmente se se fosse iludido por suas cores, que eram mais belas), mas, de fato, ocorria o oposto. Com frequência eu me maravilho com o som de um grupo de choupos ao vento (são nossas árvores decíduas mais ricas em termos de som), mas essa foi a primeira vez que observei o movimento mecânico das folhas, e só então me dei conta dessa superioridade acústica.

O lago abandonado em outubro, depois que os insetos e a maior parte dos pássaros migraram. As folhas caíram. As árvores estão nuas.

Incrivelmente quietas na quente luz do sol. Não há vento ou movimento de água. Os ecos de nossas vozes cruzando o lago, multiplicados longa e infinitamente, à medida que batem na extensa linha das colinas distantes, do outro lado do lago. Vá para a floresta. Cante para as árvores. Então, fique em silêncio e deixe que as árvores cantem de volta para você.

30 de outubro, e tão quente que posso me sentar na relva e ler durante a tarde. Ouve-se somente o sacudir ocasional de uma ou duas folhas remanescentes, enquanto elas se batem contra os galhos no vento – muito diferente do romper das folhas no verão. À distância, muitos pica-paus e o estranho gaio são as únicas aves ouvidas. Um carro na estrada recém--pavimentada leva dois minutos para se aproximar e, então, recua, cruzando o horizonte acústico. Neil Elliot aproxima-se aos poucos com seu trator, descendo a colina em minha direção, até que soa diretamente à minha frente – embora ele ainda deva estar a uns quinhentos metros de distância –, o motor trabalhando com força e ficando mais fraco apenas quando o arado arranha uma pedra.

Novembro. Um grande pedaço de casca de cedro se choca contra um tronco no topo do celeiro, como se fosse um único ouvinte aplaudindo a performance do vento norte.

28 de novembro. A neve escorrega do telhado durante uma chuva forte, partindo-se, camada após camada, cada uma raspando a borda do telhado como um homem que limpa a garganta e então atira bolas de cuspe.

10 de dezembro. Acabamos de sair para a varanda. A noite está muito fria (o rádio anuncia que chegará a dezoito graus negativos) e o céu está claro. Sob um céu de estrelas, batíamos nos pingentes de gelo do telhado e ríamos quando ressoavam como as notas de um xilofone de gelo, caindo e se espatifando ruidosamente nos degraus.

18 de dezembro. Estava frio hoje, e a previsão era que, à noite, a temperatura caísse para 35 graus abaixo de zero. Acabamos de ir para o alpendre. Por toda parte a floresta crepitava; explosões inconstantes como tiros, seguidas por estalos, enquanto as detonações originais – causadas pelos galhos e troncos que se encolhem no frio – reverberavam por sobre o prado. A lua estava clara e as estrelas brilhavam na neve e, ocasionalmente, na fina poeira de cristais que um vento mexeriqueiro soprava. Ficou mais quieto por um tempo, e então Jean se virou e caminhou até a beira da varanda, com um passo firme no silêncio, cada tábua do piso estalando e estremecendo sob seus pés. Mesmo agora, enquanto escrevo perto do fogo, os troncos da casa emitem estalos e ruídos ocasionais à medida que o gelo dissolve dentro deles.

19 de dezembro. A neve tinha cerca de trinta centímetros de profundidade, coberta por uma crosta de gelo que não era resistente o suficiente para suportar o peso do sapato de neve, mas, sim, para afetar o som e o toque enquanto cada pé mergulhava nela. Pequenas pelotas de gelo espalhavam-se pela superfície uniforme para cada lado, enquanto eu me precipitava para a frente, abrindo trilhas até a linha das árvores. Onde a colina se inclinava, os fragmentos de gelo iam levando a neve para baixo, em cascata, como minúsculas avalanches de vidro. Parei para torcer o galho de um arbusto. Com um estalo agudo, ele se partiu, fazendo os pequenos glóbulos de gelo de seus ramos ricochetearem em todas as direções, com vozes de soprano em miniatura. Eu estava profundamente consciente de que todos os barulhos que ouvia eram sons de impacto, repentinos, explosões que se espalhavam. Então parava na linha das árvores – apenas minha respiração arquejante era ouvida, um pouco fora do lugar nessa paisagem sonora. De volta à trilha batida, o som era diferente; as constantes explosões de cristal despedaçado foram substituídas por um rápido arrastar de pés, à medida que me movia sem esforço sobre a neve que eu havia removido. Ainda escutava quatro sons distintos enquanto me movimentava, pois as partes dianteira e traseira de cada sapato de neve (de um metro de comprimento) podiam ser claramente ouvidas, a parte da frente de cada sapato crepitando, à medida que a neve caía através das redes, enquanto as hastes longas e retas da parte traseira a peneiravam, estremecendo levemente.

116   R. MURRAY SCHAFER

Assim era a paisagem sonora anual em Monteagle Valley, onde vivi e trabalhei por cerca de dez anos. Exceto no caso de obras como *Music for Wilderness Lake*, *Snowforms* ou *The Princess of the Stars*,[12] não sei quantificar o quanto que viver nesse clima e nessa geografia afetou o meu trabalho de compositor, mas sei que a influência não deixou de ser percebida. Esquecer-me de onde vim e saber onde estou tem sido meu lema, e ele é bom, não apenas para acalmar a aceleração da consciência, mas também para ajudar a registrar o imediatismo da paisagem sonora, que é sempre mais enfática no tempo presente.

A cena muda. Estamos olhando pela janela da casa de István Anhalt, em Kingston, Ontário, na direção da porta arqueada da catedral, do outro lado, com sua luz amarela brilhando na neve do inverno. István estava contando como compôs "La Tourangelle", uma obra baseada na vida de uma freira canadense, Marie de l'Incarnation, e como a cena que estamos observando o tinha inspirado. "Quando nos mudamos de Montreal para Kingston, voltamos no tempo uns cem anos", diz ele. E continuamos a falar da música canadense, do que a inspira e a faz diferente da música de outros lugares. Jatos da base aérea de Trenton ocasionalmente cortam o céu, abafando sua voz. "A música de John Beckwith é a mais obviamente canadense", ele devaneia, "não apenas em sua matéria folclórica, mas também em sua rudeza. Transições abruptas, ostinatos tediosos quebrados por choques súbitos. É como a história e a geografia canadenses. Veja os museus. Primeiro, se vê a pintura de um índio e sua família; em seguida, um quadro de um campo de exploração de madeira no mato; depois, outro, de uma máquina da Canadian Pacific Railway;[13] e então uma fotografia da Montreal Moderna. Não há conexão entre essas coisas, ou melhor, as conexões estão faltando, exceto em sua imaginação; eventos parecem saltar abruptamente

---

12   Música para "O lago selvagem", "Formas de neve" e "A princesa das estrelas". (N.T.)

13   Ferrovia do Pacífico Canadense que corta o Canadá de oeste a leste. (N.T.)

do nada. O mesmo ocorre com o espaço do país. Quando cheguei a Halifax como imigrante, tomei o trem à noite e rumamos para o Oeste. Quando acordei de manhã, esperava ver cidades e vilarejos. Em vez disso, durante horas e horas, vi árvores por milhas e milhas, ocasionalmente interrompidas de súbito por pequenas clareiras, com algumas casas agrupadas em volta de uma igreja, ou um posto de gasolina, e, depois, mais floresta. A rudeza da música canadense vem disso, e quando você sente essa rudeza, compreende que a reflexão é autêntica."

Eu gostaria de pensar que minha própria música é mais influenciada pelo campo do que pela cidade, ou que com o passar dos anos, desde que abandonei a cidade, minha criação tem sido influenciada mais nesse sentido, mas esse é um tema para os outros decidirem. Não me desculpo por gravar minhas impressões do Canadá rural, e não do urbano, nesta pequena crônica, pois as cidades me dão mais tensão do que prazer, e acho que foi sempre assim. Com frequência tenho pensado que cada ruído forte, cada som dissonante ou irregular, nos comunica o sofrimento do material que o produziu. O som de uma janela que se quebra é o estertor da morte do vidro; o guinchar dos pneus é o grito da borracha; o ar berra de dor quando o jato o corta; o metal reclama de angústia dentro de qualquer máquina barulhenta.

É uma velha ideia. Laurentius Ventura, o alquimista do século XVI, escreveu que, quando os minérios da terra "são arrancados de seus lugares, ouve-se um som terrível, ao qual se segue um grande medo".[14] Pitágoras também clamou que "o som causado pelo metal percutido é a voz do demônio nele enclausurada".[15] Sempre que objetos se tocam, o som que produzem nos conta muito precisamente se seu contato é terno ou torturante, alegre ou estressante. É uma explosão imediata e honesta que não pode jamais ser simulada. Os barulhos excessivos do nosso tempo muito simplesmente correspondem ao acelerado açougue do mundo material. É claro que o campo não

---

14 *Theatrum chemicum* (Strasbourg, 1659), v.2, p.226.

15 Porphiry, The Life of Pythagoras, in: *The Pytagorean Sourcebook and Library* (Grand Rapids, Mich., 1988), p.131.

está livre disso, mas é na cidade que é sentido com mais força. É um tipo de música, uma música desesperada e assustadora que se espelha na brutalidade de muitas canções populares de hoje.

Uma das mais recentes ideias de comunicação é que o mundo percebido não é construído meramente de material passivo, mas que ele seleciona ativamente os entes que o percebem, mandando-lhes sinais para atrair sua atenção. As noções anteriores consideravam o mundo um campo de objetos esperando passivamente para serem notados. Podemos tomar esse fenômeno como uma mudança do modelo visual para um modelo auditivo de percepção, pois certamente os sons nunca esperam que os encontremos – eles nos encontram. Se acreditarmos que cooperamos com os dados sensórios do mundo, em vez de regulá-los, não poderemos fazer nada além de olhar para o ambiente com mais humildade. Abrimo-nos para o mundo, esperando que ele nos toque, nos mande agir. Então, outros reinos de experiência começarão a nos contar sobre alegrias e tristezas, entusiasmos e medos, dos quais nós nunca sequer suspeitamos.

A mera essência e, tal como era, a fonte e origem de toda *musiche* são os sons muito agradáveis que as árvores da floresta fazem quando crescem.

Edgar Allan Poe citou essa frase em uma nota em seu poema "Al Aaraaf", e diz que a encontrou em uma velha lenda inglesa. Seria mais agradável acreditar que as árvores é que lhe fizeram essa revelação, como, de fato, a fizeram a um sem-número de pessoas antes e desde então. "Qual é seu som favorito?", perguntei certa vez a uma garota índia, e sem hesitar ela me contou que era ouvir, ao pôr o ouvido em seus troncos, as árvores da floresta friccionando suas copas umas nas outras. A pintora Emily Carr, da Colúmbia Britânica, chamava os troncos das árvores caídas de "os gritadores", e acreditava que ainda conseguia ouvi-los gritar.

A mitologia do povo nativo do Canadá é cheia desse tipo de espiritualismo sonoro. O eco do Qu'Apelle Valley, em Saskatchewan, é um perfeito exemplo de epônimo acústico que persiste no espaço

Figura 17
"A mera essência e, tal como era, a fonte e origem de toda *musiche* são os sons muito agradáveis que as árvores da floresta fazem quando crescem."

Fonte: Schwarz Weiss, Paul Barz (Econ-Verlag, Wien-Düsseldorf, 1962).

de uma lenda cree. Um corajoso índio, remando rio acima, acha que ouviu a voz de sua amada. "Quem chama?", grita. "Katapaywie sepe?" Mas tudo o que ele ouve é o vento na água e o eco de sua própria voz. Quando chega ao acampamento, a moça havia partido para o Mundo das Almas Mortas. E no Lago Buffalo, em Alberta, diz-se que "é possível ouvir cachorros latindo e crianças brincando e gritando lá embaixo, no fundo. São aqueles que caíram no gelo há muito, muito tempo".[16] Enoch Baptiste, um índio assiniboine, conta como o lago Miniwanka, nas Montanhas Rochosas, significa "Água dos espíritos", porque qualquer pessoa que vague pelas redondezas do lago "ouve as vozes dos espíritos [...]. Meu pai ouviu o que parecia ser a batida de um tambor. A impressão que se tinha era de que o barulho vinha da água. Ele também podia ouvir vozes do fundo do lago".[17]

O lago Minniwanka une-se ao lago Two Jack, onde executamos "The Princess of the Stars" em 1985. Nessa obra, a Princesa é puxada para o fundo do lago por uma força desconhecida que, mais tarde, aparece como o Inimigo dos Três Chifres. Depois da produção, o poeta Jon Whyte produziu um *clipping* do *Crag and Canyon*, de Banff, contando como, em 1909, uma família índia cruzava o lago cantando descuidadamente.

Subitamente, apareceu fora da água a enorme parte traseira de um peixe de muitos metros de comprimento, que depois desapareceu, quando saiu um braço e uma mão de bela forma, que conseguiu agarrar um dos cantores. Imediatamente um companheiro tomou uma faca e cortou o braço, de um lado a outro. A mão apenas agarrou sua vítima com mais força e as águas ao redor ficaram agitadas e açoitadas, como se todos os ventos do céu tivessem sido soltos de uma só vez.[18]

---

16 Uma lenda Sarcee, contada por Ella Elizabeth Clark, em *Indian Legends of Canada* (Toronto, 1960), p.92.

17 Ibid., p.97.

18 *Crag and Canyon* [Penhasco e garganta] (Banff, Alberta, 14-20 ago. 1985).

VOZES DA TIRANIA 121

Isso é mera coincidência ou a natureza mantém um legado de mistérios em que nós, inconscientemente, apenas existimos? Os povos nativos de todo mundo enriqueceram o ambiente, povoando-o com espíritos miraculosos. Foi o que os impediu de destruir a terra sem necessidade. E, se a ecologia profunda tem algum significado, essa é uma atitude que precisamos recuperar.

Do mesmo modo que os europeus civilizados de hoje não podem apreciar os mistérios de seus próprios Eddas e Sagas, os modernos canadenses urbanos também se tornaram distantes de suas lendas que, anteriormente, dignificavam sua própria terra. O tema é possível de ser compreendido vagamente por aqueles que ainda vivem próximos à natureza. Quem ainda não andou sozinho em uma floresta ou campo, sem começar a falar com os pássaros, animais e flores? Aquilo que o mundo todo já teve um dia ainda pode ocorrer nas partes mais selvagens do Canadá – na verdade, em qualquer lugar longe dos ruídos da civilização. E por trás está o grosso da mitologia mundial ou, ao menos, da que foi produzida nos países do Norte e também em algumas partes do remoto Sul, de modo que é completamente verdadeiro afirmar que não é somente o folclore indígena e Inuit que fazem sentido aqui, mas também o Mabinogiano, o Kalevala e os Eddas. De fato, toda a mitologia da Rússia, Escandinávia, Alemanha ou Reino Unido pode ser mais bem compreendida nas partes mais remotas do Canadá, onde a paisagem ainda não está contaminada e é cheia de milagres.

6
O DESIGNER DA PAISAGEM SONORA

Quando Joseph Addison escrevia para a *Spectator* no início do século XVIII, recebeu certo dia a carta de um leitor que tinha uma ideia original: regular os sons da paisagem sonora de Londres. Uma ideia não usual naquela época, pois se pensava que os sons da cidade eram incontroláveis, até mesmo mais do que agora. Ocorrendo em um tempo de expansão e turbulência industrial, a intensificação da altura do som à qual a metrópole inglesa estava sujeita era, em geral, considerada uma afirmação de progresso. Isso foi muito antes da época de Michael Bass, que obteve o apoio de metade dos intelectuais da Inglaterra e conseguiu transformar em lei o Metropolitan Police Act [Lei de Policiamento Metropolitano] de 1864, criada para livrar Londres de um de seus maiores lixos sonoros, o barulho dos vendedores ambulantes e mascates. Isso se deu na época em que o Império "no qual o sol nunca se põe" tinha começado a voltar sua atenção para alguns dos sombrios problemas sociais presentes em seu próprio domicílio. É verdade que escritores como Tobias Smollett tinham reclamado do barulho nas ruas cem anos antes disso, mas era uma explosão irascível, e não um apelo às reformas sociais. O correspondente de Addison expressa o mesmo incômodo, mas suas soluções são mais criativas.

O cargo que ele desejava era o de "controlador-geral dos gritos de Londres". Suas credenciais para esse cargo eram, dizia ele, seu

124   R. MURRAY SCHAFER

"conhecimento de todos os ramos de nossos comércio e manufaturas ingleses, além de boa habilidade em música". Ele primeiramente divide os sons das ruas em vocais e instrumentais; os instrumentais incluíam os sons de ofícios, como o "zunido da chaleira ou a frigideira de metal... as batidas dos guardas-noturnos à meia-noite (e) a trompa dos castradores de porcos.[1] Seu remédio para esses incômodos, ao contrário de todas as últimas e malsucedidas tentativas de se curar tal desconforto, não era proibi-los, mas afiná-los. "Assim, proporia que nenhum instrumento dessa natureza fosse empregado antes de eu tê-lo afinado e autorizado seu uso, depois de cuidadosamente examiná-lo para saber de que maneira ele pode afetar os ouvidos dos vassalos de sua majestade."

Voltando-se para os produtores de ruído de rua, que nosso correspondente considerava de longe os mais ofensivos, ele comenta, primeiramente, as frustrações de "um honesto cavalheiro mal-humorado, conhecido meu, (que) fez um acordo com um deles para que nunca mais fosse à rua onde vivia. Mas qual foi a consequência desse contrato? Que toda a tribo de fazedores de ruído[2] de rua que frequentava aquele quarteirão passasse por sua porta a partir do dia seguinte, na esperança de ser comprada da mesma maneira". Mais uma vez, a cura que propõe é a regulação, mas regulação associada à educação. "Não há tempo nem medida adequada" para os pregões de rua. Essa matéria, segundo ele, teria de ser ensinada. Jornais, por exemplo, deveriam "ser vendidos rapidamente, pois se trata de uma mercadoria que não pode esfriar. Todavia, não deve ser anunciado aos gritos, com a mesma precipitação do fogo. Mas, em geral, é isso o que acontece. Uma batalha sangrenta incendeia a cidade de um lado a outro em um instante. Cada movimento da França é publicado com uma pressa tão grande que se poderia pensar que o inimigo estivesse em nossos portões". O papel do controlador-geral seria o de assegurar

---

1 No original, *"sowgelder"*: equivalente a um instrumento da Galícia, denominado "castrapuercas", uma espécie de trompa que produzia um silvo. (N.T.)

2 No original, *"card-match-makers"*. Provavelmente, o termo é usado para indicar todos os outros ruídos de rua, feitos por pessoas que fazem truques com cartas, por dinheiro. (N.T.)

VOZES DA TIRANIA 125

que algumas distinções fossem feitas "entre comunicar uma vitória, um desfile, um acampamento militar, uma correspondência da Holanda, de Portugal ou da Espanha". Ele se opõe a muitos dos pregões mais vigorosos, considerando-os excessivos, como aqueles dos vendedores de nabos, cujas mercadorias "não estão em risco de esfriar em suas mãos". E contrasta esses gritos com outros que têm tons mais graves; por exemplo, o tanoeiro, que "aumenta a última nota em uma voz oca, que não é sem harmonia", ou a ária "triste e solene" do consertador de cadeiras, e estimula seus leitores a procurar "em suas próprias lembranças outras cantigas da mesma natureza, nas quais a música é maravilhosamente lânguida e melodiosa".

Se buscarmos em pinturas de ruas de cidades do século XVIII ou dos anteriores, notaremos a falta de sinais, particularmente os impressos. Naquela época, todo anúncio era acústico e variava com as estações e as mercadorias. Isso criava uma paisagem sonora mais variada do que hoje, em que o anúncio auditivo do rádio nas lojas e restaurantes é imutável e incansável. A cidade de então ainda dependia amplamente do calendário agrário. Recordando que as canções adoráveis que anunciavam a colheita do endro eram ouvidas durante pouco mais de dois meses, nosso designer sugere que a canção poderia ganhar outras letras, de modo que não se perdesse tão rapidamente. O autor sente que a base de todo design da paisagem sonora deveria funcionar para desenvolver o padrão engenhoso daquilo que já existe.

A carta conclui: "Penso que seria muito apropriado que alguns homens de bom senso e julgamento do som presidissem esses pregões e não permitissem que aqueles que não tivessem gargantas afinadas levantassem a voz nas ruas, e que não apenas fossem capazes de sobrepujar o barulho da multidão e o estridor dos veículos a motor, mas também de vender suas respectivas mercadorias por meio de frases aptas, e nos mais distintos e agradáveis sons".[3]

---

3 A carta de Ralph Crotchet pode ser encontrada em: On the Cries of London [Sobre os pregões de Londres], de Joseph Addison, em *A Book of English Essays* [Um livro de ensaios ingleses], ed. W. E. William (Harmondsworth, Middlesex, 1942), p.58-62.

126 R. MURRAY SCHAFER

A carta é assinada por Ralph Crotchet[4] – um nome musical, embora, como nos lembra o *Oxford English Dictionary*, uma "semínima" [*crotchet*] pode ser tanto "uma afeição singular quanto uma noção perversa". Acredito que o próprio Addison a tenha escrito, com a intenção de ser tomado ironicamente, mas detecto em seus parágrafos uma real preocupação com a qualidade da paisagem sonora urbana, de fato, a primeira preocupação real que observei em muitos intelectuais europeus. O sr. Crotchet quer *estudar* os sons da rua que, em seu tempo, eram meramente vistos como uma tina cheia do lixo[5] que eram os sons desagradáveis. A noção ainda se mantém, e a cada verão se pode ler "cartas ao editor" nos jornais urbanos nas quais se pede que os barulhos sejam silenciados. Esses vigilantes do bem-estar público são, em geral, inteligentes o suficiente para escrever cartas repletas de vitupérios, e às vezes divertidas, que eventualmente são seguidas de artigos que anunciam que as autoridades cívicas estão considerando aplicar penas mais duras para os produtores de ruído e que se encomendou um novo estudo para identificar quem são eles e como acabar com sua farra. "Nenhum vendedor, mascate, sacoleiro ou mercador insignificante deve, com seus gritos insistentes, perturbar a paz, a ordem e a tranquilidade do público" etc... Contrastando com essa postura, o artigo do sr. Crotchet revela um humanista detentor de um zeloso interesse pela educação pública. Ele quer *afinar* a paisagem sonora, e não acabar com ela por meio da submissão. Poderíamos dizer que ele quer compor os sons da rua, não por meio de um decreto aristocrático, mas dando aos produtores de som algo parecido com lições de música, de forma que sua produção sonora sofra menos com as linhas cruzadas, os cancelamentos e redundâncias – resumindo, que ela se torne mais harmônica.

Parece que o projeto Paisagem Sonora Mundial, que iniciei na Universidade de Simon Fraser em 1970, foi a primeira tentativa de levar essas ideias a sério. A paisagem sonora, como então a defini,

---

4 "Crotchet", o sobrenome do suposto autor da carta, é também a tradução para "semínima", uma figura musical designativa de duração. (N.T.)

5 No original, "*swill-tub*": literalmente, uma tina de lavagem. (N.T.)

era para ser entendida como o ambiente acústico total, em que se incluíam todos os ruídos, músicas, sons naturais, humanos e tecnológicos. Eu queria estudar todos os fenômenos acústicos e sua evolução através da história, de modo a determinar se haveria algum modelo particular ou recorrente que pudesse tornar possível a determinação dos princípios do design da paisagem sonora.

Confesso que o primeiro impulso para esse estudo foi negativo. Eu tinha ficado alarmado com a excessiva presença de ruído na vida urbana moderna. À época eu tinha uns trinta e cinco anos, uma idade em que, como tenho observado, muitas pessoas ficam irritadas com o barulho. Os jovens parecem indiferentes a ele; às vezes, são por ele atraídos, enxergando-o como sinônimo do próprio impulso de vida. Mas, por volta dos trinta e cinco anos, muitas pessoas, talvez pelo fato de terem chegado a um nível de autoconfiança que as leva a excluir a maior parte dos aspectos incontroláveis de sua vida, ou talvez apenas por causa das tensões da meia-idade que deixam essas pessoas mais sensíveis aos desconfortos, elas começam a confessar que se sentem incomodadas pelo barulho. Assim aconteceu comigo.

Fui responsável por introduzir um curso sobre poluição sonora no Departamento de Comunicações no qual ensinava. O curso não foi bem-sucedido. Não podíamos fazer nada além de defender uma melhor legislação antirruído, mais proteção para pessoas que trabalham em ambientes barulhentos, mais barreiras contra os sons, uso de protetores auditivos e isolamento – todas medidas negativas e frágeis, numa sociedade que tendia a equiparar o aumento do ruído ao progresso.

Porém, à medida que comecei a ouvir mais atentamente todos os sons à minha volta, esse tópico insatisfatório começou a se desenvolver de um modo mais promissor, pois, como John Cage disse, "Todos os ruídos são interessantes se são realmente ouvidos". Eu precisava de uma palavra para descrever a turbulência de prazer e dor que meus ouvidos estavam experimentando, do momento que acordava até bem depois de ter fechado os olhos, à noite. A expressão "paisagem sonora" me ocorreu. Penso que a inventei como derivação de paisagem, mas posso ter pegado emprestado de algum lugar.

128 R. MURRAY SCHAFER

Não importa. Usei-a como palavra neutra, para designar todo ou qualquer ambiente acústico – todos os sons ouvidos em um shopping, por exemplo, ou em uma fazenda, aeroporto ou estação de rádio – qualquer ambiente que pudesse ser temporariamente estruturado para o estudo. Mesmo uma composição musical poderia ser analisada como uma espécie de paisagem sonora ideal, inventada na mente do compositor.

Em certo sentido, poder-se-ia considerar todo o universo sonante como uma composição da qual somos, ao mesmo tempo, o público, os compositores e os executantes. A tarefa, então, seria saber como melhorar a orquestração. Mas, do mesmo modo que o compositor se sujeita a estudar intensamente antes de escrever suas sinfonias, também precisamos nos preparar antes de nos dedicarmos a embelezar o mundo. Quais são os temas predominantes da paisagem sonora e como eles mudam? Eles se repetem ou se desenvolvem? Quais são os equilíbrios e contrapesos para assegurar a comunicação entre todos os produtores de sons? Quais são os ritmos e os contrarritmos? O tempo é lento, rápido, acelerado ou retardado? Os sons produzidos são novos ou velhos, nativos ou exóticos, ou uma mistura proporcional de todos os tipos?

Comecei a trazer para meus alunos exercícios nos quais se pedia que ouvissem e avaliassem várias paisagens sonoras dessa maneira. Nos primeiros estágios, esses exercícios são surpreendentemente simples. Por exemplo:

1. Em uma rua movimentada, encontre um lugar com o ambiente mais silencioso. Onde fica?

2. Encontre um lugar onde as pessoas estejam subindo e descendo escadas. As que sobem fazem o mesmo som das que descem? Quais são mais fortes?

3. Faça uma lista de todos os sons feitos exclusiva ou predominantemente por homens e outra com os sons produzidos apenas por mulheres.

4. Faça uma lista de todos os diferentes sons feitos por portas que se fecham.

VOZES DA TIRANIA **129**

5. Liste cinco tipos de superfícies por onde se caminha que têm diferentes acústicas.

6. Conte o número de buzinas de carro (ou latidos de cachorro, ou guinchos de freio) que você ouve em um dado cruzamento durante uma hora.

Ao focalizar sons específicos, eu estava encorajando os alunos a ouvir todos os sons. Até que alguém comece a ouvir, nada acontecerá. O corpo todo precisa tornar-se um ouvido para registrar com delicadeza sismográfica todas as sensações sonoras, as grandes e as pequenas, as próximas e as distantes. Os estudantes ficaram imediatamente intrigados com esses exercícios de consciência sensória. Agora os ruídos do mundo poderiam ser apreciados em contexto, como uma espécie de percussão para uma orquestração de surpresas perpétuas incrivelmente rica. A poluição sonora tinha sido transformada em um tema de educação positivo.

Estou frisando a abordagem sensorial como a chave para os estudos da paisagem sonora porque ela é com frequência omitida, mesmo pelos próprios pesquisadores. Hoje, estudamos som em sonógrafos, osciloscópios e medidores de nível sonoro. É uma indicação de quanto nos desviamos da rota. Os antigos gregos, que fizeram numerosas observações de fenômenos acústicos e formularam algumas das leis acústicas básicas, eram muito melhores ouvintes do que os arquitetos e engenheiros acústicos de hoje. Esse trabalho foi iniciado por Pitágoras e ampliado por Euclides, Platão e Aristóteles. O encanto que emerge do encontro de Aristóteles com a escuta, como registrado em sua *Problemata*, não se encontra nas respostas que dá, mas nas engenhosas questões que formula, mostrando um ouvido aguçado e uma mente empírica. "Por que", ele pergunta, "os sons são mais audíveis à noite?"

> Por que paredes rebocadas são mais ressonantes?
> Por que nossas vozes são mais profundas no inverno?
> Por que o sal faz barulho quando jogado no fogo?

Por que a água fria derramada de um jarro faz um som mais estridente do que água quente derramada do mesmo vaso?

Por que ouvimos menos quando estamos bocejando?

Por que é mais fácil ouvir sons de fora de casa do que aqueles de dentro, quando se está do lado de fora dela?

Por que é que quando uma pessoa faz um som e certo número de pessoas faz o mesmo som simultaneamente, o som produzido não chega proporcionalmente mais longe?[6]

Aristóteles espera que testemos esses problemas primeiramente com o ouvido, não com matemática.

O modelo de que me valho para desenvolver exercícios para os alunos que frequentam minhas aulas é o dos cursos básicos desenvolvidos por Johannes Itten para a Bauhaus. Os exercícios de Itten eram heurísticos. Eles permitiam tantas soluções quantos fossem os participantes. Mas, embora eles parecessem livres ou caóticos, tinham um foco inacreditável. Onde Itten trabalhava com pontos, linhas, planos, contrastes direcionais, pausas, movimento, contraste de luz e escuro, comecei a desenvolver uma série do que chamei exercícios de Limpeza de Ouvidos,[7] nos quais os alunos, agora mais sensibilizados à arte de escutar, trabalhavam com sons, começavam de fato a criar modelos de paisagens sonoras.

Exemplos do que poderiam ser exercícios de Limpeza de Ouvidos:

1. Encontre um som surdo grave seguido por um som agudo.
2. Tente contar uma história bem conhecida somente com sons, sem usar palavras.
3. Traga para a classe um som zumbido, um som tilintante, um som batido, um som arranhado...
4. Mantenha quatro sons soando por dois minutos.

---

6 Problemata, in: *The Works of Aristotle*, v.VIII, bk.XI, trad. E. S. Forster (Oxford, 1927).

7 Capítulo de R. Murray Schafer, *O ouvido pensante* (Editora Unesp, 2. ed., 2011).

VOZES DA TIRANIA **131**

O exercício final do meu Curso Básico – uma espécie de exame de graduação – era: "Escolha um som. Faça qualquer coisa que quiser com ele por cinco minutos, mas não me deixe entediado".

Enquanto esse trabalho estava progredindo em minhas aulas, comecei a reunir uma equipe de pesquisa para fazer um trabalho de campo. Tinha esperança de reunir acústicos, arquitetos, urbanistas, músicos e cientistas envolvidos com os estudos das funções do ouvido, em muitos aspectos, do mesmo jeito que a Bauhaus tinha juntado arquitetos, artistas, artesãos e industriais para inventar um campo totalmente novo de design industrial. Provavelmente isso era prematuro, mas reuni uma equipe de pessoas jovens, talentosas e enérgicas e, juntos, embarcamos em nosso primeiro estudo de campo: *A paisagem sonora de Vancouver*. Esse trabalho estabeleceu uma metodologia para futuras pesquisas. Consistia em um livro e dois discos *long play* (LP). O livro continha um resumo dos sons de Vancouver desde o tempo dos índios. (Isso foi relativamente fácil de realizar, pois Vancouver é uma cidade muito nova.) Entrevistamos índios, consultamos arquivos públicos e conversamos com antigos habitantes da cidade para entender as mudanças acústicas predominantes que tinham ocorrido nos últimos cem anos – uma espécie de morfologia da paisagem sonora. Medimos os sinais e marcas sonoras proeminentes da cidade e os comparamos com os do passado. Fizemos extensas entrevistas com pessoas de todas as idades para determinar suas preferências e fobias sonoras. Documentamos nossos achados com gravações de qualidade profissional, cada uma das quais era corroborada pelo maior volume de dados históricos que fosse possível coletar. O documento por nós produzido apresentou Vancouver de uma maneira totalmente nova, e me recordo do editor de uma revista da Unesco escrever entusiasticamente que nunca antes havia conhecido, à distância, uma cidade, de maneira tão realista e vibrante.

Nenhum som é ouvido duas vezes do mesmo jeito. As vibrações físicas podem ser as mesmas, mas nossas atitudes em relação a elas estão sempre mudando. Essa é a razão de eu considerar absolutamente necessário o estudo da morfologia da paisagem sonora e a realização de pesquisas intensivas com pessoas que vivem em

Figura 18
Os primeiros carros de bombeiro eram equipados com gongos no lugar das tão conhecidas sirenes; um exemplo de morfologia da paisagem sonora.
Fonte: Arquivos da Cidade de Vancouver.

determinado ambiente *antes* que se dê início a qualquer design do ambiente acústico.

Chamo de marcos sonoros os sons que estão em determinado lugar por muito tempo. Como marcos da paisagem, eles definem seu caráter essencial, aquilo que a torna única. Assim como há associações que zelam pela preservação de marcos numa paisagem, deveria haver entidades dedicadas à preservação dos marcos sonoros. No mundo de hoje, isso é mais importante do que jamais foi, pois os marcos de uma paisagem e os marcos sonoros são âncoras sensoriais que ajudam as pessoas a se sentirem em casa, em uma condição em que as rápidas mudanças tecnológicas podem fazer que se sintam como refugiados.

Em poucos anos do estudo da paisagem sonora de Vancouver, começamos a receber mensagens solicitando alguns dos sons que tínhamos gravado, pois eles não eram mais ouvidos. Mesmo as antigas trompas de neblina foram substituídas por instrumentos eletrônicos, mais agudos em altura e mais fracos. Os pescadores diziam que não podiam ouvi-los do mar. Houve cartas de protesto para o jornal local, mas nada podia resistir à fúria do progresso.

Embora tivéssemos muitos músicos em nossos cursos de paisagem sonora, eu sabia desde o início que não estávamos formando compositores, mas tentando definir uma nova profissão que ainda não existia e, mesmo hoje, não existe na medida desejada. Imaginei um especialista em som que combinasse habilidades técnicas e preocupações sociais, com a sensibilidade estética de um compositor, que trabalhasse como conselheiro, no mercado privado ou na administração pública, a quem todos os assuntos concernentes ao design acústico de futuras comunidades seriam submetidos. Essas eram as habilidades que eu tentava transmitir aos meus alunos.

A paisagem sonora em desenvolvimento está, de fato, sendo projetada e reprojetada constantemente ante nossos ouvidos. Porém, quaisquer que sejam os motivos que os designers possam ter, eles raramente são estéticos. Os sons produzidos pelo telefone, despertador ou computador são resultado de decisões do designer, tão enfáticas quanto qualquer parte de uma sinfonia de Beethoven, embora menos inspiradas. Em uma revista chique que tive em mãos, li a respeito de um novo aparelho projetado como "Poderosa Proteção Pessoal", um "sistema de alarme portátil que soa a 110 decibéis para amedrontar os agressores".

"Ruído é igual a poder" já foi um slogan. Agora, poder-se-ia ler "Ruído é igual a segurança", como se ouve no *stretto* dos alarmes de carro, de casa e, agora, em alarmes pessoais, que se estrebucham em torno do rico e vulnerável. "Silêncio é igual a poder" é um provérbio igualmente válido. Na verdade, quanto mais próximo se chega de um indivíduo com enorme poder pessoal ou influência, mais se é atingido pela quietude. Isso é uma verdade no que se refere tanto a reis quanto a santos. E mesmo hoje é possível perceber como o presidente da companhia é blindado das interrupções não desejadas: seu escritório fica bem acima do barulho do tráfego; as janelas são bem isoladas; a secretária intercepta suas chamadas. A produção de barulho e seu isolamento são ambos exemplos de design acústico.

Eles são as extremidades entre as quais as mais sutis práticas do design precisam se desenvolver. Vivemos em uma era em que praticamente tudo o que tocamos, vemos e ouvimos foi projetado por humanos. Alguns diriam que o mundo é excessivamente projetado. Pessoalmente, só consigo tolerar tal mundo se os objetos que observo e toco, ou os objetos sonoros que ouço, servirem a algum outro propósito além do acúmulo de lucro para o seu dono. Pode ser válido empregar música para fazer as pessoas trabalharem mais, ou mais depressa, ou comprarem mais, mas esses são motivos de nível mais baixo. A modelagem de um som em um mundo melhor deveria ser o tema de valores mais elevados. Os que parecem mais apropriados são a estética e a ecologia, ou, para ser mais preciso, estética inspirada pela ecologia. A estética tem estado conosco há muito tempo, mas a ecologia é nova. Quando escutei o termo pela primeira vez, eu tinha trinta e cinco anos.

Figura 19
O Concorde exemplifica a contradição entre preocupações visuais e auditivas na atual engenharia. Seu elegante design faz que ele "pareça" silencioso, mas, de fato, é uma das aeronaves mais estrondosas já produzidas.
Fonte: British Aircraft Corporation, 1974.

O segredo da ecologia é encontrar o equilíbrio entre organismos e ambiente. Podemos falar de ecologia acústica da mesma maneira, como o equilíbrio do ambiente sonoro. Seríamos, então, forçados a reconsiderar os sons e ritmos da natureza – de pássaros, do vento, da mudança das estações e das transformações da água – para equilibrar uma paisagem sonora dominada pelos agressivos ritmos mecânicos de hoje. Não me refiro apenas à reprodução desses sons (embora prefira ouvir o canto dos pássaros a qualquer composição humana), mas, em vez disso, ao estudo de seus ritmos, durações e relação com outros sons, para resolver alguns dos pesadelos acústicos do mundo moderno.

Um exemplo específico: uma estação ferroviária moderna ou um aeroporto têm de lidar com centenas de anúncios conflitantes de partidas, chegadas e uma série de outras informações, ainda que cada viajante esteja preocupado apenas com um aviso; os demais são conversas cruzadas maçantes. A analogia na natureza é um campo na primavera, cheio de milhares de pássaros. Como cada um deles ouve apenas o que lhe interessa? Simples. Cada espécie tem seu próprio grito, ou gritos, distinto. Não poderia esse princípio ser aplicado às estações de trem? Cada linha teria seu próprio motivo sonoro identificador. Ouvindo-o, o viajante saberia imediatamente se seria o anúncio esperado ou não. Essa prática poderia ser estendida ao longo de rotas de trem ou ônibus; cada parada em estação poderia ter seu próprio sinal sonoro distinto para alertar os passageiros. Esses sinais logo se tornariam marcas sonoras da comunidade, arraigadas na consciência do viajante, mais discretamente, mas com maior segurança do que qualquer anúncio verbal.

Se a indústria se envolver mais com a estética ambiental no futuro, será interessante observar de que modo instrumentos como refrigeradores, aspiradores de pó ou aparelhos de ar condicionado serão tratados. Será que eles poderiam ser reprojetados sem ritmos mecânicos? Com programas de redução de ruídos, eles poderiam se tornar quase silenciosos, mas não é isso o que quero dizer. Um lar silencioso é quase tão artificial quanto um lar dominado pelo setor da eletricidade. Se estivéssemos de fato buscando soluções criativas, deveríamos refletir a respeito do fato de que refrigeradores, aspiradores de pó e aparelhos de ar condicionado executam serviços originalmente realizados pela natureza, e poderíamos tentar dotá-los com sons que refletissem esse fato.

136   R. MURRAY SCHAFER

Esse foi o tema de uma palestra que proferi em 1991 para designers de firmas alemãs, como a Siemens e a BMW. Fiquei surpreso com a resposta positiva. Os designers da BMW gostariam de produzir um novo veículo que tivesse uma marca sonora única, de modo que, ouvindo-o na rua, poder-se-ia logo dizer: "Ah, um BMW!". Os engenheiros da Siemens estão determinados a fazer o som do refrigerador parecer uma coisa agradável, de modo que, ao passar por ele, se poderia pensar em cerveja, ou sorvete. Recomendei um riacho da montanha, embora suas ideias parecessem estar mais inclinadas em direção a um leve gorjeio eletrônico de alta frequência, infelizmente. No entanto, eles estão pensando em design acústico, e isso é uma novidade.

Na mesma conferência, Max Neuhaus falou sobre sua sirene experimental para futuros carros de polícia, uma sirene que irradiasse um som mais focalizado na frente, mas em forma cônica, de tal modo que os pedestres ao lado ou atrás do veículo receberiam uma versão alterada, menos intensa e mais harmônica, do som da frente. Ao "musicalizar" a sirene, Neuhaus está tentando humanizar o departamento de polícia.

Um ruído industrial totalmente em conflito com seu ambiente é a motoneve. O rei Salmoneus, tentando provar que era maior do que Júpiter, fixou panelas de bronze à sua carruagem e nela seguiu por uma ponte de metal com tochas incandescentes;[8] porém, para uma centena ou mais de recreacionistas, rugir sobre um campo de neve virgem durante o inverno é uma depravação que nenhuma sociedade pagã toleraria. Certa vez, parei um motorista de motoneve e perguntei ao condutor porque ele queria destruir a paisagem sonora do inverno. Objetou que tinha o direito de desfrutar da paz e quietude da natureza tanto quanto qualquer outra pessoa – e cem decibéis de fúria foram embora tempestuosamente através da neve. A motoneve é considerada um triunfo do design canadense. Infelizmente, ele evidencia o nível do design da paisagem sonora alcançado até aqui em meu país nativo.

---

8 Ver: sir James Frazer, *The Golden Bough* (Londres, 1954), p.77.

Figura 20
A tranquilidade do inverno canadense é destruída de forma não ecológica pela motoneve, um exemplo de design acústico negativo.

Fonte: Information Canada Phototèque.

As decisões da engenharia se tornarão cada vez mais importantes nas paisagens sonoras futuras, mas elas não são a palavra final. Como sempre, isso será determinado pelos comportamentos públicos. É por isso que tenho sempre ressaltado a importância da educação como base de todo o trabalho de paisagem sonora. O objetivo é fazer toda a população ouvir mais cuidadosa e criticamente, como acredito que ela, certa vez, já o fez, e aprender o grau em que pode controlar seu próprio ambiente acústico e resistir a manipulações indesejáveis. Se meu trabalho tomou outro rumo ao longo dos anos, este foi no sentido de se distanciar da pesquisa de laboratório e da produção de documentos para ir em direção a essa atividade mais necessária. É a preparação para o designer da paisagem sonora, que poderia, então, surgir e trabalhar com as possibilidades inerentes aos sons que já estão lá e com o pleno conhecimento de que o valor desse trabalho foi plenamente apreciado pelo público.

7
A MÚSICA E A PAISAGEM SONORA

Em *A afinação do mundo* (2001),[1] eu predisse que, lá pelo final do século XX, a música e a paisagem sonora iam se mover juntas. Estamos nos aproximando do final do século; não há necessidade de retirar o que falei. Eu quis dizer que as influências recíprocas entre o que chamamos de música e aquilo a que nos referimos como som ambiental se tornariam tão complexas que esses gêneros, até agora distintos, começariam a se sincretizar numa nova forma de arte. Estava falando do mundo ocidental. Em outras partes do planeta, os dois tipos nunca foram completamente distintos e, apesar de agora eles começarem a mostrar sinais de separação, não me interessa fazer previsões sobre o que acontecerá em lugares que estão além de minha experiência de escuta.

Para compreender o *momentum* da mistura hoje, é necessário primeiro mostrar como a música ocidental difere da produção de sons de qualquer outro lugar. Na tradição ocidental, a música é um entretenimento abstrato, para o deleite apenas dos ouvidos. A palavra "abstrato" é enfática. Os ouvintes não são encorajados a associar a música com funções ou propósitos situados além do prazer estético que ela

---

1 R. Murray Schafer, *A afinação do mundo* (Editora Unesp, 2.ed., 2011; *The Tuning of the World*, publicado originalmente pela Random House em 1977).

oferece. A música funcional é relegada a uma ordem mais baixa, e a música feita com propósitos políticos, mercantis, ou mesmo religiosos, está sempre sob suspeita crítica. A música religiosa às vezes escapa à censura, porque muitos compositores ocidentais produziram bastante nesse campo; mas os conservatórios e salas de concerto onde ela é ensinada e executada têm sido cuidadosos em minimizar quaisquer mensagens religiosas que ela possa conter, concentrando-se em seus méritos estéticos.

Para adquirir essa pureza, foi necessário separar a música da paisagem sonora. A paisagem sonora é um *plenum*. A sala de música é um *vacuum*. A música a preenche. Sem música, ela será nada mais que uma sala: cadeiras, um palco, estantes de partitura e um pódio, esse é seu escasso mobiliário. Mas há um método nesse arranjo. Todas as cadeiras estão voltadas para o palco, e todos os sons virão dali. Ele será o foco exclusivo de atenção durante o concerto. Não estamos mais no centro da paisagem sonora, com os sons nos alcançando de todas as direções; agora, eles veem até nós a partir de uma única direção e, para apreciá-los, precisamos posicionar os ouvidos, assim como posicionamos os olhos de certo modo quando lemos. Nesse espaço silencioso, o compositor será capaz de moldar estruturas muito mais intrincadas do que seria possível em um espaço externo. A música tem um começo e um fim definidos. O público chegará antes do início e permanecerá ali até depois do encerramento, sentado em fileiras, de frente para os executantes. Voluntariamente, abandonarão o uso de seus corpos e pés e usarão somente as mãos e a voz para expressar sua apreciação ao final da música. De modo a não se distrair do processo de escuta, os executantes também se movem da forma mais imperceptível possível, e suas faces ficam neutras, sem expressão. Definitivamente, o concerto promete satisfação psíquica, não somática, e o compositor usa a concentração do púbico para arrumar seu material em uma vasta arquitetura de temas principais e secundários, transições, centros harmônicos, modulações, interações instrumentais e sombras dinâmicas – uma paisagem sonora ideal da imaginação, elegante, controlada, com as dissonâncias disciplinadas e revigorantes. O economista Jacques Attali alega que a chave para a política econômica da Europa do século XIX está no concerto do século XVIII, respeitosamente ouvido pela burguesia e fielmente transmutado em uma ordem industrial harmoniosa na qual as mercadorias fluem para preencher o mundo, do mesmo modo que os tons têm preenchido as salas de concerto.[2]

Às vezes penso que a forma da sonata tradicional é um modelo do império colonial: primeiro tema (forte), a mãe nação; segundo tema (mais suave), as colônias submissas; depois, segue a retórica e, ocasionalmente, as trocas púgeis da sessão de desenvolvimento, o *rapprochement*[3] da mãe e da colônia na recapitulação (ambas, agora, na mesma tonalidade principal), e a coda – consolidação do império. A música clássica da Europa durante a era da expansão colonial era a música dos egressos e das conquistas, das aberturas excitantes e das conclusões exultantes. Hoje, sabe-se que essa forma de fazer música não é comum entre as culturas do mundo. Em outros lugares, a música associa-se, sem qualquer esforço, à dança, a tarefas físicas, rituais religiosos e cerimônias de cura de toda sorte. Nessas culturas, há muitas músicas, cada uma delas associada a atividades e celebrações especiais.

Em muitas culturas, a palavra "música" não existe. Na África, por exemplo, não há um termo que corresponda à música em tive, ioruba, igbo, efique, berom, hauçá, idoma, egon ou nos variados dialetos jarawa; e muitas outras linguagens têm termos qualificadores que apenas tangenciam nosso conceito de música.[4] O mesmo é verdadeiro em outras partes do mundo: os inuit não têm um termo genérico para música, assim como tal termo não pode ser encontrado na maior parte das línguas indígenas norte-americanas. Muitos dos sons construídos nessas culturas poderiam ser mais bem descritos como tons mágicos. Há um tipo especial de música para curar, outro para trazer chuva, outro para assegurar sucesso na caçada, ou para derrotar o inimigo etc. Muito embora todos eles possam usar vozes

---

2 Jacques Attali, *Bruits* (Paris, 1977), p.93 et seq.
3 Em francês no original: "aproximação". (N.T.)
4 Charles Keil, *Tiv Song* (Chicago e Londres, 1979), p.27.

142 R. MURRAY SCHAFER

e instrumentos, para as pessoas dessas culturas tais tons não estão associados e nunca devem ser confundidos. Recordamos também que os antigos gregos originalmente empregavam a palavra *mousikós* para um grande espectro de atividades espirituais e intelectuais, antes que elas, aos poucos, tomassem um sentido mais estrito, o qual herdamos. O nosso é um conceito especial, formado no cadinho da civilização europeia, do qual saiu (junto com europeus) para muitas outras partes do mundo. O que o faz especial é sua abstração da vida real, sua exclusividade. Tornou-se uma atividade que requer silêncio para sua apresentação apropriada – recipientes de silêncio, chamados salas de concerto. Ela manifesta os traços de um culto ou uma religião, e para aqueles de fora, que não foram iniciados em seus rituais, deve parecer estranha e anormal.

As espessas paredes da arquitetura europeia têm sido a força modeladora por trás do desenvolvimento da música europeia, do canto gregoriano ao serialismo. De fato, seria possível escrever a história inteira dessa música em termos de paredes, mostrando não apenas como as várias ressonâncias de seus espaços de performance têm afetado seus harmônicos, tempos e timbres, mas também como seu caráter social evoluiu desde que foi apartada da vida cotidiana.

As grandes revoluções na história da arte estão nas mudanças de contexto, e não de estilo. A primeira grande mudança contextual na música ocidental deu-se quando ela deixou o espaço externo e adentrou a catedral; a segunda ocorreu com o surgimento da sala de concerto e da casa de ópera; o estúdio de radiodifusão e gravação é responsável pela terceira. Cada contexto produziu uma abundância de estilos, mas todos eram governados pelas leis do recipiente no qual foram gerados. A música da catedral não é vista; ela sobe como vapor para preencher um grande espaço ressonante, restringindo a mobilidade harmônica e melódica para produzir um banho nebuloso feito de som e misturado com a mística do Deus invisível do cristianismo. Tanto as músicas da sala de concerto quanto as da casa de ópera são vistas e ouvidas. As acústicas mais secas favorecem a música mais rápida, com mais ousadia harmônica. É a musica do solista e do virtuose de temperamento explosivo. Os estúdios de radiodifusão e

VOZES DA TIRANIA   **143**

gravação apresentaram ao mundo a *esquizofonia*,[5] ou som dividido, no qual qualquer ambiente sônico poderia, por meio de alto-falantes, ser substituído por qualquer outro. Eles empurraram a música para novos lugares – de fato, para qualquer lugar – e prepararam o caminho para a fusão que agora vivenciamos.

Outro grande contexto geral para a música é o original, o ambiente ao ar livre, que ainda sobrevive como aquele no qual boa parte, talvez a maior parte, da música mundial é produzida. É o contexto da música de rua, da banda ou orquestra ao ar livre, do pastor com sua flauta de Pã ou de mulheres cantando na bomba d'água da aldeia. É o contexto da música tribal em todo o mundo. Como tal, é inclusiva, e não exclusiva, e tende a ser gratuita em vez de vendida. Mas, sobretudo, ela se mistura com quaisquer sons que estiverem presentes. Ela não procura muros de proteção ou um público confinado para sua apreciação.

A percepção do som pode ser mais facilmente estudada a partir dos artefatos e do contexto da música. Esse não é o único modo de estudar o tema, mas a história da música, com suas variantes culturais, fornece um repertório do qual podem ser feitas deduções a respeito do que se esperava ouvir em diferentes eras e, igualmente, o que faltou, pois no estudo de qualquer paisagem sonora, o que se perde é tão importante quanto o que é ouvido, talvez até mais. Esse é o "fundo" na relação figura-fundo e, embora esses sons sejam ignorados, são imediatamente notados se forem retirados, ou se a atenção for dirigida a eles. Os sistemas de ar-condicionado e de aquecimento estão presentes desse modo para os modernos ouvintes urbanos, bem como o barulho do tráfego. (Recentemente, ao ouvir uma gravação de música do compositor Adam de la Halle, do século XIII, detectei o ruído fraco do tráfego, anacrônico ao mundo de Adam, mas, evidentemente, inaudível para os engenheiros de som.)

---

5 O termo foi criado por Schafer para designar o rompimento que há entre um som original e sua transmissão ou reprodução eletroacústica. Para mais informações, ver o capítulo "A revolução elétrica" de Schafer, *A afinação do mundo* (Editora Unesp, 2.ed., 2011). O itálico no texto é nosso. (N.T.)

144   R. MURRAY SCHAFER

Os escolásticos medievais falavam de Deus como uma presença cujo centro está em todo lugar e a circunferência em nenhum. É uma definição acústica de Deus – como Marshall McLuhan frequentemente costumava apontar. Ela também está em conformidade com os hábitos de escuta condicionados pelo cantochão ouvido na catedral, em que as vozes dos cantores flutuam pelo espaço, preenchendo-o como incenso. Por onde quer que nos movamos na catedral, sempre estamos no meio do som. A sala de concerto, por outo lado, induz a escuta focalizada; isto é, uma fileira ordenada de sons, do mesmo modo que a pintura em perspectiva ordena em fileiras os objetos, reduzindo o tamanho dos menos importantes e movendo-os para longe. Os compositores do século XIX especializaram-se nesse dialeto de frente, meio e fundo por meio de sombras dinâmicas.

A escuta focalizada contrasta com a periférica, na qual o ouvido permanece aberto aos sons vindos de qualquer direção ou distância, vasculhando o ambiente para obter informações que chegam de qualquer lugar. Essa é a atitude perceptual das pessoas que vivem no ambiente externo, ou cujas profissões envolvem movimento de um lugar para outro. O mundo está sempre cheio de sons. Eles vêm de longe e de perto, de cima ou de baixo; são separados e contínuos, fortes e fracos, naturais, humanos e tecnológicos. Eles entram e partem em sequência, enquanto os eventos passam por nós, ou nós passamos por eles. Essa é a razão de a música das ruas não ter começo ou fim, mas estar toda no meio de algo. Alguma coisa já está acontecendo antes da nossa chegada e continua a acontecer após a nossa partida. As dinâmicas do som são um produto de sua posição no espaço, em vez de modeladas pelo executante.

Com isso em mente, podemos mais uma vez considerar de que modo certos ambientes ao ar livre têm sido deliberadamente planejados como itinerários pela paisagem sonora. Certamente, há jardins de realeza, italianos e franceses, dispostos de tal maneira que encorajam a passagem por fontes exuberantes, grutas ou aviários, e os longos e elegantes caminhos que levam ao mirante parecem perfeitos para cortejos musicais. É difícil que alguém visite esses jardins, hoje, sem imaginar as atrações festivas que certa vez os glorificaram.

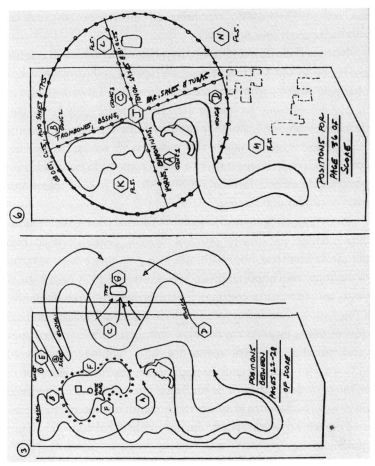

Figura 21
Diagramas que mostram o movimento dos músicos para a composição "Musique pour le parc Lafontaine", Montreal, junho de 1992. A peça envolveu quatro bandas de metal movimentando-se em uma área ampla.

Os jardins de Versailles foram, em seu tempo, o local de exuberantes entretenimentos operísticos e teatrais, durante os quais o caminho e o lago eram iluminados por milhares de velas em candelabros de prata, enquanto as fontes brincavam por entre luzes coloridas. "Depois de ouvir a ópera ou assistir a uma peça de Racine ou Molière, o rei e

146   R. MURRAY SCHAFER

sua corte passeariam até o amanhecer, ou embarcariam em gôndolas adornadas com flores no lago."[6]

No outro lado do mundo está o Kiyomizudera (Templo das águas claras), do século XVII, em Kyoto, no Japão. Lembro-me de caminhar pelo amplo jardim com o compositor Toru Takemitsu, abaixo da plataforma *butai*, na qual as grandes orquestras *gagaku* haviam tocado. Seguimos os caminhos entre as flores, ouvindo os pássaros e imaginando como a música antiga deveria ter soado. De repente, compreendi quão inteligente era a forma como tudo tinha sido disposto ali, de modo a facilitar a mistura de sons fortes e fracos, por meio de um caminho sinuoso.

Anos mais tarde, quando escrevi "Musique pour le parc Lafontaine", tentei criar uma rota para os músicos, dentro desse enorme parque de Montreal, que misturasse sons próximos e distantes para os ouvintes, não importando onde eles estivessem. A peça é itinerante, com os músicos constantemente formando grupos diferentes e tornando a criar outras formações em diferentes lugares no parque, às vezes tocando em cortejos, em outras ocasiões permanecendo parados, geometricamente dispostos. A obra terminava com uma série de frases que eram passadas de um instrumentista a outro, ao longo de quatro braços de uma cruz que ia do centro à periferia do parque, onde outro grupo de instrumentistas lentamente repassava um tema que era repetido em um amplo círculo de cerca de um quilômetro de circunferência.

Quando transpomos a música de um contexto para outro, tudo muda, pois os efeitos pretendidos para uma dada situação precisam ser adaptados para a outra. A atitude de escuta também muda. A atenção de alguém na paisagem sonora aberta estará constantemente mudando de um ponto para outro; atrações focalizadas serão raras e imprevisíveis. Foi o que o rádio descobriu quando abandonou a sala de estar para ir aos espaços públicos; estruturas de programas tiveram de ser divididas para a escuta casual. A música também

---

6 Clement Antrobus Harris; Mary Hargrave, *The Earlier French Musicians* (Londres, 1916), p.21.

VOZES DA TIRANIA **147**

sofreu mudanças quando, por exemplo, os *fade ins* e *fade outs* da música popular começaram a simular o efeito de uma música que passa por nós, como de fato ela faz, das janelas de carros abertos ou das fachadas das lojas.

As influências da paisagem sonora na música são recíprocas à influência da música na paisagem sonora. A afinação diatônica das buzinas de carro ou dos apitos de trem são exemplos óbvios. Agora mesmo estamos testemunhando o crescimento de canções sintetizadas tocadas em veículos móveis, vendendo produtos, como sorvete (América do Norte), gás (Brasil) ou roupas usadas (Itália). As canções são sempre bem conhecidas e, com frequência, provêm do repertório clássico, mas quase todas contêm ao menos uma inexatidão melódica devida, suponho, ao fraco ouvido dos engenheiros que as programaram. Dessa maneira, as "falsificações" de melodias bem conhecidas tornam-se "reais" para incontáveis milhões de pessoas por todo o mundo, de modo que a verdadeira canção, se for ouvida de novo, soará *errada*; e engenheiros sem nenhuma habilidade musical tornam-se arranjadores musicais de incrível influência. É dessa maneira que a paisagem sonora do mundo moderno está sendo projetada, enfraquecendo valores mais objetivos ou estéticos.

Nos lugares em que a reciprocidade entre música e paisagem sonora é efetivamente intuída, a interação pode ser semelhante à que existe entre texto e subtexto, como quando os ritmos de trabalho ou os movimentos de ferramentas inspiram o cantor, ou o canto dos pássaros inspira o flautista. Os músicos folclóricos de todo o mundo têm confirmado o efeito dos sons ambientais em sua música, que é, com frequência, uma homenagem à *paysage sonore*, como quando foi dito ao tocador de violino para imitar "o guinchar de um *gopher*[7] [...] corvos crocitando; uma bigorna em um dia de inverno [...] lebres saltando, um falcão planando alto [...] um bando de gansos".[8] E agora penso em uma visita que fiz para ouvir uma velha camponesa cantar

---

7 *"Gopher"* é um tipo de roedor da América do Norte, semelhante a uma toupeira, que cava buracos no solo. (N.T.)

8 W. O. Mitchell, *Who Has Seen the Wind* (Toronto, 1947), p.189.

148 R. MURRAY SCHAFER

suas próprias canções folclóricas, nas altas montanhas da Argentina. A apresentação ocorreu no quintal de sua casa de campo, onde nos sentamos em velhas cadeiras de encosto reto, enquanto as peles de carneiros recentemente abatidos secavam no varal e galos cantavam em perfeito uníssono com seu canto, que consistia quase que exclusivamente em saltos de quartas e quintas. Ela contou que a inspiração para seus cantos lhe vinha enquanto fazia empanadas na cozinha; e não acho que ela percebesse quão estreitamente se sincronizavam com os sons de seu quintal.

A música de concerto com frequência também evocava os ambientes mais populosos além da sala de música, com uma espécie de nostalgia. Trompas de caça, rodas de fiar girando ou locomotivas eram ali representadas. De fato, a sala de música quase sempre se assume como uma espécie de espaço virtual que é mais amplo do que seu próprio espaço, como quando sons fracos parecem ir parar além do horizonte acústico ou quando um som forte parece pressionar diretamente o corpo. O âmbito da frequência da música é outra imitação inconsciente da paisagem sonora externa. A música de Mozart é construída com sons de frequência média e alta, do mesmo modo como era o seu mundo, enquanto o pesado infrassom da cidade moderna é reproduzido nas guitarras dos modernos grupos de rock.

Os compositores quase sempre têm sido explícitos a respeito de inspirações derivadas das paisagens sonoras. Alguns exemplos comprovam isso. Wagner descreve como uma trompa dos Alpes invadiu "Tristão":

> Este ato promete admiravelmente; beneficiei-me dele até mesmo em minha excursão a Riga. Às quatro da manhã fomos acordados pelos Boot com uma trompa dos Alpes – levantei-me, vi que estava chovendo e voltei para a cama para tentar dormir; mas aquele divertido chamado ficou circulando em minha mente e dele saiu uma melodia muito alegre, que agora o pastor sopra para fazer sinais ao navio de Isolda, produzindo um efeito surpreendentemente alegre e ingênuo.[9]

---

9 Carta para Minna, citada em *The Musical Quaterly*, v.XXXI, n.4, out. 1945, p.411.

VOZES DA TIRANIA   **149**

A *Rhapsody in Blue*, de George Gershwin, foi inspirada por uma viagem de trem:

> Foi no trem, com seus ritmos de aço, sua batida chocalhante que com muita frequência é estimulante para um compositor (quase sempre ouço música no coração do ruído), que eu subitamente ouvi – até mesmo vi no papel – a completa construção da *Rhapsody*, do começo ao fim [...]. Eu a ouvi como uma espécie de caleidoscópio musical da América – de nosso vasto cadinho, de nosso incomparável entusiasmo nacional, de nosso *blues*, de nossa loucura metropolitana. No momento em que cheguei a Boston, tinha o enredo definido da peça, distinta de sua verdadeira substância.[10]

Os europeus não estarão familiarizados com os ritmos de jazz produzidos pelas pequenas partes não soldadas dos trilhos das ferrovias norte-americanas (os trilhos europeus são soldados em tamanhos grandes), nem saberão como o apito de vapor, com um acorde de três tons, pode ser deformado pelos ecos e efeitos *doppler* que sugerem *blue notes*.[11] Mas Walt Whitman sentiu essas variantes quando, em um poema intitulado "To a Locomotive in Winter" [Para uma locomotiva no inverno], ele escreveu uma linha de "iis"[12] alternados: *"Thy trills of shrieks by rocks and hills returned"*.[13]

Outro compositor norte-americano, Morton Feldman, relembra como juntou todo o material de que precisava para uma peça de percussão (*The King of Denmark* [O rei da Dinamarca]), enquanto estava sentado em uma praia de Long Island.

---

10 Citação da contracapa da *Rhapsody in Blue* da Everest Record: Pittsburgh Symphony Orchestra, conduzida por William Steinberg.

11 *Blue notes* é um termo usado no jazz para sugerir a alternância de notas alteradas e não alteradas – b (bemol e bequadro, por exemplo), para criar um efeito especial. (N.T.)

12 No original, "ee", cujo som, na pronúncia da língua inglesa, é próximo de "ii". (N.T.)

13 "Teus barulhos de guinchos pelas pedras e colinas retornaram." (N.T.)

150 R. MURRAY SCHAFER

Eu a escrevi em algumas horas, sentado confortavelmente na praia. Consigo mesmo evocar a memória de ter feito isso – aquele tipo de som abafado de crianças à distância e rádios transistores e ondas de conversas pelo ar, de pessoas sentadas sobre mantas, e lembro-me de que tudo isso veio para dentro da peça, uma espécie de nuvem.[14]

E esta, de Olivier Messiaen:

Em minhas horas de tristeza, quando fico subitamente consciente de minha própria futilidade [...] o que me resta, além de procurar a verdadeira, e já perdida, face da música em algum lugar distante, na floresta, nos campos, nas montanhas ou na beira do mar, entre os pássaros.[15]

Eu poderia continuar dando exemplos desse tipo, vindos de quase todos os grandes compositores ocidentais, para mostrar que eles nunca foram indiferentes aos sons ao seu redor e que com frequência encontravam meios de incorporá-los às suas obras. É um capítulo relativamente pouco explorado na teoria da música. Durante anos tentei chamar a atenção de musicólogos para o fato de que a maior parte da música do mundo existe em relação à paisagem sonora. Os etnomusicólogos entendem esse fato, mas ele quase nunca é acolhido por aqueles que se especializam na história da música ocidental. Para eles, a música é inspirada somente pela música: Vivaldi inspirando Bach, Bach inspirando Mozart, Mozart inspirando quase todo mundo. As escolas de música ensinam revoluções de estilo: Beethoven descartou o classicismo, Debussy rejeitou a harmonia diatônica, Schoenberg embarcou na atonalidade. Mas essas são meras querelas quando se comparadas às grandes mudanças contextuais que sacudiram as fundações da arte, e as estão sacudindo novamente hoje.

---

14 An Interview with Morton Feldman, *Percussive Notes*, v.21, n.6, p.5-6, set. 1983.

15 Olivier Messiaen, *Le Guide de Concert*, 3 abr. 1959. Citado por John Paynter, *Sound and Structure* (Cambridge, 1992), p.42-3.

VOZES DA TIRANIA   **151**

Há alguns anos, o sociólogo da música Kurt Blaukopf, de Viena, começou uma série de estudos que chamou de "uso não musical da música". Ele entendia a atrofia nos hábitos de concentração dos ouvintes ocidentais como resultado das mudanças técnicas trazidas pelas novas mídias. Todos nós percebemos em que medida a música está perdendo o foco. Ela nos atinge em tempos e lugares estranhos. Com frequência, duas ou mais peças de música podem ser ouvidas em um único ambiente, em meio a muitos outros sons. Às vezes, enquanto fazemos compras, ouvimos a música de um estabelecimento sobreposta à de outro, como uma fotografia impressa sobre uma segunda. Às vezes, caminho por shopping centers tarde da noite e ouço música tocando para ninguém. E tenho imaginado um desastre de avião, do qual a única sobrevivente será a música gravada.

É como se, por alguma lei de enantiodromia, a noção ocidental de música estivesse explodindo em nossa face, quebrando tudo à nossa volta, penetrando em novos ambientes como uma hemorragia. Certamente, os centros de poder na sociedade estão mudando, multiplicando-se, de modo que desapareceu a autoridade que outrora acatou o concerto como ponto nodal para a estimulação. A música de concerto europeia gradativamente se refinou em estados nos quais mesmo seus ouvintes mais devotados ficaram relutantes em segui-la (refiro-me aos festivais ISCM[16] e semelhantes); mas, mesmo em seu estado mais saudável, ela tinha feito surgir uma espécie de hipertrofia auditiva na qual o ouvido não apenas se isolava dos outros sentidos, mas também de seus hábitos de funcionamento mais rotineiros.

Quando escrevi o livrinho *A nova paisagem sonora*,[17] em 1968, proclamei a nova orquestra: qualquer coisa e tudo que soe! Queria que as pessoas começassem a pensar na paisagem sonora como uma composição macrocósmica, na qual todos nós estivéssemos envolvidos, e perguntei se a orquestração poderia ser melhorada. Hoje,

---

16 Festivais da International Society for Contemporary Music [Sociedade Internacional de Música Contemporânea]. (N.T.)

17 Incluído como capítulo de *The Thinking Ear*, publicado no Brasil com o título *O ouvido pensante* (Editora Unesp, 2. ed., 2011). (N.T.)

152 R. MURRAY SCHAFER

há grupos dedicados a atividades de design acústico em muitos países, mas tenho ficado especialmente intrigado com a contribuição do Japão, pois parece combinar uma inovação revigorante com uma sensibilidade tradicional com relação ao ambiente. A palavra japonesa para música, *ongaku*, simplesmente quer dizer o prazer dos sons; é um conceito inclusivo, e não exclusivo. Assim, o Mestre do Chá, por exemplo, pode fazer música com a sua chaleira:

A chaleira canta bem, pois as peças de ferro são arranjadas ao fundo, como que para produzir uma melodia peculiar na qual se pode ouvir os ecos de uma catarata abafada por nuvens, de um mar distante que bate entre as rochas, de uma tempestade que varre uma floresta de bambu, ou de sussurros de pinheiros em alguma colina distante.[18]

É justamente assim que Kawabata descreve uma chaleira em seu romance *Snow Country* [O país das neves].

Ele podia fazer dois sussurros de pinheiros [...] um próximo e outro distante. Para além do sussurro mais longínquo, ele ouviu debilmente o tilintar de um sino. Pôs o ouvido na chaleira e escutou. Ao longe, lá onde o sino batia, subitamente ele viu os pés de Komako batendo levemente, no mesmo ritmo do sino.[19]

A sinestesia sugerida pelas ilusões auditivas nunca é menosprezada pelos japoneses; ao contrário, é cultivada. No jogo conhecido como *Ko wo kiku*, "escutando o incenso", cada aroma é inalado cerimonialmente e, então, passado para o ouvido, como se de algum modo o poder de discernimento de um sentido não fosse suficiente para extrair seu significado completo, e a experiência fosse ainda mais complicada pelo nome alusivo dado a cada incenso, com a intensão de recordar alguma cena ou passagem de um romance ou lenda.

---

18 Kakuzo Okakura, *The Book of Tea* (Tóquio, 1956), p.63. [Ed. bras.: *O livro do chá*. São Paulo: Estação Liberdade, 2008.]

19 Yasunari Kawabata, *Snow Country* (Tóquio, 1957), p.155. [Ed. bras.: *O país das neves*. São Paulo: Estação Liberdade, 2004.]

Um grupo ativo de pesquisadores da paisagem sonora me ensinou como os jardineiros japoneses tradicionalmente cultivavam as muitas variações que a água produz, não apenas por meio da inserção de rochas nas cabeceiras dos riachos para modular o som, mas também pelo uso de bombas de irrigação decorativas de bambu (*shishiodoshi*), que se inclinam ao serem preenchidas com água e retornam batendo contra as pedras, produzindo agradáveis sonoridades ocas.

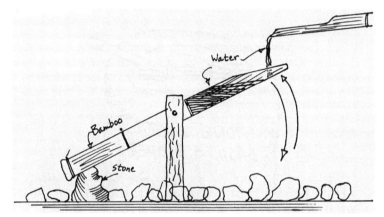

Figura 22

Um pesquisador, Yu Wakao, tinha se dedicado ao estudo das harpas d'água – jarros ressonantes enterrados sob bacias de pedra onde se lavavam as mãos antes de entrar na casa de chá. Os jarros, que não serviam a nenhum propósito, eram fixados de tal modo que a água que caía dentro deles produzia uma cascata melódica de alturas cavas, desde baixo. As harpas d'água são encontradas apenas nos jardins mais antigos; a tradição parece ter sido abandonada há cerca de duzentos anos, mas o grupo de paisagem sonora espera revivê-la.

Esses são exemplos de uma consciência que permite que a beleza do som se expanda e permeie a vida toda; seria fútil debater se tais coisas são música.

Imaginando o que tornou esse pensamento possível, cheguei à conclusão de que as tradicionais casas de papel japonesas tiveram muito a ver com isso. Pode-se, ainda, ver tais casas em Quioto e por toda parte no meio rural japonês, casas com grandes portas deslizantes, cuidadosamente cobertas com papel de arroz. Quando deslizadas, as portas se abrem para lindos jardins fechados, cujas luzes e sons adentram e preenchem os rudimentares e aparentemente ávidos espaços da casa. É claro que no Japão moderno (em Tóquio) tais casas raramente são vistas. Elas foram substituídas por edifícios de vidro e concreto, borrados com Musak, pois o isolamento do ambiente natural requer cosmética.

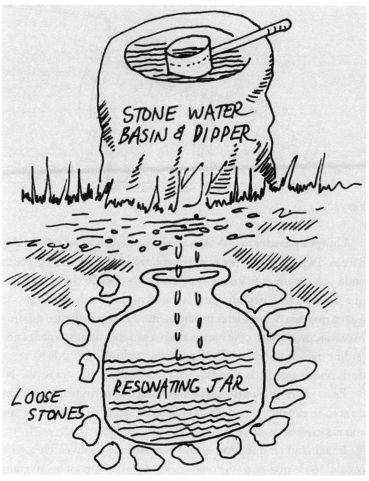

Figura 23

Parece ser necessário mostrar que a janela de papel de arroz é diferente da janela de vidro. O vidro resiste ao som; o papel de arroz o convida a entrar. Envidraçar é um tratamento europeu das aberturas de parede – o resultado de uma consciência primariamente visual; o papel de arroz sugere consciência auditiva. Lembro-me, também, de que na sociedade tradicional japonesa se ensinava às mulheres jovens a deslizar essas portas e janelas, para abri-las sem fazer barulho desnecessário. As futuras sogras testavam as moças acerca desse refinamento. No Ocidente, o equivalente seria aprender crochê ou saber usar o aparelho de chá.

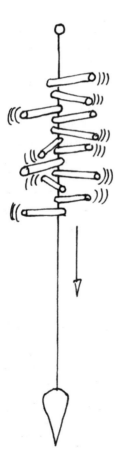

Figura 24

156 R. MURRAY SCHAFER

É a ausência de paredes e portas que permite aos japoneses, como a muitos outros povos ao redor do mundo, imaginar a música que pode trazer beleza ao ambiente sem que esta seja autocentrada ou que se deseje dominar toda a paisagem sonora. As esculturas sonoras de Akinoti Matsumoto são típicas dessa atitude despretensiosa. Uma espécie de *bricolage*, elas são criadas a partir de materiais simples que podem ser encontrados em qualquer loja de ferragens. Uma delas consiste em nada mais do que um pedaço de linha de pesca de nylon com um anzol em uma das extremidades, que se prende ao teto, e um peso na parte de baixo para mantê-la esticada. A linha atravessa uma grande quantidade de pequenos tubos de alumínio, de tamanhos variados, perfurados em uma das extremidades, os quais deslizam pelo fio. À medida que descem, eles se agitam, tocando os tubos vizinhos para produzir um delicado som de sinos.

Outro instrumento consiste em uma série de barras de metal finas, levantadas lentamente por um pequeno motor elétrico, para cair de volta em uma série de cordas afinadas em diferentes frequências. O tempo de caída das barras é muito lento, de modo que elas mais me lembravam de flores únicas em vasos que geralmente ficam nos cantos dos lares japoneses, ou pergaminhos de caligrafia isolados em paredes, do que qualquer coisa que se assemelhasse a um instrumento musical.

Os ambientes sonoros de Hiroshi Yoshimura têm intenção similar. Isto é o que ele tem a dizer a respeito do Design de Processo Sonoro:

> O que estamos tentando fazer, falando de maneira geral, pode ser chamado de design sonoro. Isso inclui o ajustamento e a regulagem do som apropriado para determinado ambiente, junto com a composição de música para ambientes. Pode ser que, para um dado espaço, somente um som seja suficiente. O design sonoro não significa simplesmente decorar com som. A criação de não som – em outras palavras, silêncio – seria maravilhosa, se fosse possível, em um design.
>
> Não há dúvida de que nossa época, na qual somos inundados por sons, é sem precedentes na história. Precisamos desenvolver uma

VOZES DA TIRANIA   **157**

atitude mais cuidadosa com relação aos sons. Hoje, a quantidade de som e música no ambiente tem claramente excedido a capacidade humana de assimilá-los, e o ecossistema auditivo está começando a desmoronar. A música de fundo [*background music*], que deveria criar atmosfera, é decididamente excessiva. Na conjuntura atual, consideramos que em certas áreas e espaços, aspectos do design visual têm recebido tratamento apropriado, mas o design sonoro é completamente ignorado. É necessário lidar com som e música com o mesmo respeito que demonstramos pela arquitetura, pelo design de interiores, pelo alimento ou pelo ar que respiramos.

O "Movimento de Ondas" começou como uma série de música ambiente. Pode-se dizer que essa música é um "objeto", ou uma espécie de cenário sonoro, para ser ouvido casualmente (perifericamente). Por não ser música que remete o ouvinte para outro mundo, ela deveria se esvanecer como fumaça e tornar-se parte do ambiente, circundando a atividade do ouvinte [...]. Não é música de autoexpressão, não é uma "obra de arte acabada", mas é música que muda o caráter e o significado do espaço, das coisas e das pessoas, por sobreposição e transformação.[20]

A música de Yoshimura é feita para espaços. Eu a ouvi em galerias, em que ela não leva a lugar algum, mas afeta o espaço em que habita, transformando-o de modos sutilmente perceptíveis. Ela é, sobretudo, música de sintetizador, e isso atende a seu propósito, pois o sintetizador é um aparelho de todas as culturas modernas e, assim, não pertence a ninguém. A maior parte da música de fundo [*background music*] que conhecemos está relacionada com instrumentos conhecidos; e esses instrumentos, bem como os estilos tocados, a conectam com períodos e lugares específicos: a guitarra é espanhola, o acordeão é da Boêmia etc. Poder-se-ia ouvir o sistema Muzak em qualquer hotel internacional ou aeroporto e ficar saturado quase que exclusivamente com canções americanas tocadas em clássicos

---

20 De um folheto, Tóquio, 1983.

158 R. MURRAY SCHAFER

instrumentos europeus. Isso é como as hegemonias culturais são asseguradas, por meio de publicidade subliminar.

Há algo a ser dito a respeito do uso de marcos sonoros inócuos no design acústico, e há algo a ser dito a respeito de instrumentos indígenas, para que se estabeleça um caráter único. Quando um objeto sonoro é conhecido e amado, funciona mais como uma âncora sensória, assegurando-nos de que estamos em casa, mesmo quando outras características do ambiente são estranhas ou amedrontadoras.

O designer da paisagem sonora deveria saber dessas coisas. Ele não pertence a nenhum campo; compreende as necessidades da situação, acrescentando de um lado e tirando do outro. Ele também conhece o valor do silêncio. Por meio de sua obra, música, sons ambientes e silêncio são dispostos juntos, artística e terapeuticamente, para trazer uma nova consciência na qual arte e vida se tocam, se fundem e se perdem uma na outra.

8
RÁDIO RADICAL

Rádio radical. A expressão sugere extremos. Mas o que quero dizer é algo que vem diretamente da fonte, pois, etimologicamente, "radical" significa pertencer às raízes ou às origens. E é assim, voltando às suas origens, que quero reconsiderar o rádio, movendo-me do passado para o futuro para descobrir novas formas de crescimento, imanente às raízes.

Então, qual é a origem do rádio? Naturalmente, ele não é novo. Existia muito tempo antes de ser inventado. Existiu sempre que houve vozes invisíveis: no vento, no trovão, no sonho. Ouvindo o que havia anteriormente, ao longo da história, descobrimos que ele foi o sistema de comunicação original pelo qual os deuses falavam à humanidade. Foi o meio pelo qual as vozes, livres do mundo fenomênico, comunicavam seus pensamentos e desejos aos espantados mortais. A voz divina, o Som Original (*Ursound*), infinitamente poderoso precisamente por causa de sua invisibilidade, é encontrada quase sempre nas antigas religiões e no folclore. É o som de Tor, de Tifeu, de Mercúrio... para nomear apenas três das primeiras divindades mais conhecidas que falaram ao homem por linha direta. Aparece com frequência na Bíblia: "Em sonho, o anjo de Deus me chamou: 'Jacó!'. E eu respondi: 'Estou aqui!'" (Gênesis 31:11).

Figura 25
Athanasius Kircher imaginou o rádio como uma série de cones e tubos, em seu *Phonurgia Nova*, de 1673.

Naqueles dias, não havia nada além de transmissão religiosa. Os horários eram arbitrários; os programas começavam quando menos se esperava, no escuro, durante momentos de sonho ou sono, em geral quando se estava sozinho, mas, às vezes, diante de multidões. A emissora estava sempre nas mãos de Deus, e o poder da transmissão era quase sempre aterrorizante. Depois de ter humilhado Jó e o reduzido a um sofredor digno de piedade, Jeová ergue seu braço poderoso e proclama:

> Você tem um braço semelhante ao de Deus
> E pode trovejar com uma voz igual à dele?[1]

O rádio permaneceu um meio carregado de terror, mesmo depois de ter sido dessacralizado. Há lendas que nos contam como os antigos reis da Mesopotâmia e da China podiam transmitir mensagens

---

1 Jó 40:8-9.

VOZES DA TIRANIA **161**

seladas em caixas aos governadores das províncias distantes, que as abriam e ouviam as mensagens do rei. Os imperadores escondidos são sempre os mais assustadores. Ser recebido em "audiência" por um rei implica não se atrever a olhar para ele. Audiência vem do latim *audire*, escutar. A mesma fonte dá origem à palavra "obedecer" (*obaudire*), que quer dizer "ouvir de baixo". Ouvir é obedecer. Essa é a primeira coisa a ser lembrada a respeito do rádio. É um meio temeroso porque não se pode ver quem ou o que produz o som: um estímulo invisível para os nervos, e é por isso que eu o chamo de esquizofônico (som dividido) e, também, porque McLuhan o chamou de meio "quente".

Quando o rádio foi inventado, na primeira parte do século XX, dois modelos de transmissão cresceram como consequência dessa realidade: o modelo político, nascido da fúria por poder; e o modelo "iluminado", nascido em oposição ao primeiro. A BBC, com sua dieta temperada com informações e acontecimentos culturais, exemplifica o modelo iluminado. Hitler nos deu uma vívida ilustração do outro tipo, quando escreveu: "Nunca teríamos conquistado a Alemanha sem o alto-falante".[2] Mas, mesmo hoje, quando se ouvem políticos no rádio, há um tom forçado na voz deles (e agora também na delas), ocasionado pela ampliação da personalidade prometida pelo microfone. Pode haver outras pessoas na palanque ou no hall, mas, de algum modo, elas somente obtêm um reflexo da fala, que é, claramente, dirigida para aqueles que estão além dos amplificadores.

Foi significativo que, quando David Sarnoff discutiu o caso do rádio nos Estados Unidos, em 1916, ele se referiu ao aparelho como uma moderna "caixa de música", assim pondo em movimento a ideia de rádio como meio de entretenimento, um brinquedo. O sistema de transmissão norte-americano surgiu do medo de tirania política.

---

2 "Sei que alguém é capaz de ganhar o povo muito mais pela fala do que pela palavra escrita. As maiores mudanças no mundo nunca foram provocadas pela caneta de pena. O poder que determina o deslizamento de grandes avalanches de natureza política e religiosa foi, desde o início dos tempos, a força mágica da palavra falada." Hitler, *Mein Kampf* [minha luta], citado por Harold Innes em *Empire and Communications* (Toronto, 1972), p.8.

162 R. MURRAY SCHAFER

Não era para ser controlado pelo Estado, mas mantido pela iniciativa privada. Naturalmente, o patrocínio privado resultou em tirania do objeto, à medida que produtos como sabão, refrigerante, enxaguante bucal e absorventes se transformaram em ícones que podiam cantar, dançar e voar. O primeiro comercial cantado de que me lembro era sobre uma banana.

> Sou Chiquita, a banana
> e venho lhes dizer que
> bananas gostam de amadurecer
> de certo modo [...]

Isso foi por volta de 1945, e eu dataria o novo folclore norte-americano por volta desse período; pois, diferentemente do ícone impresso, a contraparte do rádio ganhou voz e personalidade, tornando-se o herói ou a heroína de um minidrama de um minuto: o comercial.

Esses são os teoremas da transmissão em que toda a programação moderna é baseada. Não estou interessado, aqui, numa história da transmissão. Estou interessado apenas em traçar quanto o rádio moderno se afastou do rádio radical em sua fase pré-tecnológica. E ficarei contente se vocês perceberem, considerando-se o que o rádio já foi, que todos os modelos contemporâneos o profanaram.

Deixe-me argumentar. Quando ensinava no Departamento de Comunicações em uma universidade, costumava dar aos alunos este exercício: considerem-se visitantes de outro planeta; sua nave espacial permite que vocês se aproximem o bastante para captar vinte e quatro horas de rádio (o exercício também funciona com televisão); na volta, vocês devem relatar para mim, seu comandante, tudo que aprenderam a respeito dos terráqueos. Você pode imaginar os resultados. Os terráqueos são obcecados pelo cheiro de corpo. Sua cor favorita é o superbranco e seu jogo favorito é tentar prever o tempo. Eles se vestem com armaduras e se movem por meio de rodas. Sua religião parece uma cerimônia na qual uma relíquia sagrada é buscada, em um campo, por seitas opostas. E assim por diante. É um quadro muito desvirtuado e incompleto, mas interessante.

VOZES DA TIRANIA   163

As listas nunca são neutras, mas para apreciar suas tendências é preciso se afastar da sociedade que as produz. Vamos nos tornar antropólogos por um momento e perguntar o que poderia ter acontecido se o rádio tivesse sido inventado por alguma outra pessoa. Supondo-se que os Lendau, tribo da África Central, o tivessem inventado, será que eles transmitiriam a cerimônia da chuva? Mas isso só ocorreria em tempos de seca. Ou, se imaginarmos que os egípcios o tivessem inventado, será que eles transmitiriam o Festival de Osíris em Abidos? Mas esse festival se prolongava sem interrupção durante muitos dias. Ou, supondo que as Bernardinas de Martin Verga o tivessem inventado, será que elas transmitiriam o canto das Matinas? Mas isso acontecia no meio da noite. Não precisamos ser antropólogos durante muito tempo para avaliar que os ritmos de outras sociedades são muito diferentes dos nossos. E então compreendemos que a transmissão ocidental é governada e tiranizada por um instrumento que consideramos inviolável, embora ele não pertença a nenhuma outra sociedade além da nossa: o relógio.

Tanto Spengler quanto Mumford falaram incansavelmente de como o relógio veio regular o destino do mundo ocidental. Como ele criou uma divisão entre as horas de trabalho e as horas de lazer, controlando o tempo dos entretenimentos e acontecimentos sociais, regulando tanto a alimentação e o sono quanto a vida da fábrica. Assumindo a função de cuidador do tempo social que antes pertencia ao sino da igreja e ao apito de fábrica, o rádio tornou-se o relógio da civilização ocidental. Durante todo o dia os eventos foram reduzidos a uma fração de segundos. As notícias chegam às 8h, no caminho do trabalho, às 17h, na volta para casa, às 23h, quando se vai dormir. Para aqueles que correm (ou que gostam de pensar que correm), há flashes de notícias e sobre o clima durante todo o dia. Nos intervalos, a trama do horário de transmissão é amarrada. Cada item tem seu tempo organizado: de trinta segundos a um minuto para comerciais, três minutos para canções, quinze minutos para as assim chamadas "coisas" do rádio – que, em algumas estações, raramente implicam mais do que reportagens de esporte ou uma curta entrevista.

164 R. MURRAY SCHAFER

Programas completos raramente excedem uma hora, e o mais longo formato permitido no rádio é para algum evento esportivo.

Muitos anos atrás, propus à CBC a ideia de fazer um programa dos sons do oceano. O produtor queria saber de quanto tempo eu precisava. Sem pensar, respondi: "vinte e quatro horas". Parecia-me que não se poderia fazer justiça aos ritmos e às marés do oceano em menos tempo do que isso. Eles me deram uma hora e meia para criar *Okeanos* e deixaram claro de que modo muitos problemas teriam de ser superados para tornar isso possível. Mas tais problemas podem ser superados da forma demonstrada pela Irish Radio [Rádio Irlandesa], quando, anos mais tarde, transmitiram *Ulisses*, de Joyce, como um programa de trinta e seis horas.

O rádio que temos hoje é a sustentação da revolução mecânica; eu não diria da revolução elétrica, que flui em corrente contínua e nada sabe da máquina industrial. Tivesse o rádio sido inventado em 1750, os donos das fábricas o teriam reduzido a um meio de assegurar o serviço pontual e eficiente de seus trabalhadores. Não é de se estranhar que os empregadores o utilizem hoje em bancos, lojas e escritórios, como um meio de melhorar a produtividade em trabalhos entediantes e imbecis. Hoje, o rádio é o pulso de uma sociedade organizada para o máximo de produção e consumo. Naturalmente, isso é temporário; o rádio não manterá esse ritmo para sempre, ou mesmo, quem sabe, por muito mais tempo. A vantagem do relógio de quartzo é que ele não para nem precisa ser religado; desse modo, a cerimoniosa pontualidade do rádio já é anacrônica. E, se a civilização industrial estiver em declínio – e está –, os ritmos alternativos do rádio podem estar mais perto do fim do que supomos.

Os ritmos da vida são bastante complexos. Considerem, por exemplo, a grande alegria dos casamentos campestres, a curva dos encontros entre amantes, os ritmos de quem dorme, do nadador ou do corredor de longa distância. E, com relação à natureza, vamos relembrar os ritmos das ondas, das marés, do redemoinho de areia na praia, ou do vento em harpas eólias. Vamos medir a duração do derretimento da neve, o decrescer da lua; vamos, de novo, nos familiarizar com o contraponto entre pássaros, sapos e insetos. Vamos

VOZES DA TIRANIA **165**

conhecer essas coisas, e quando o rádio moderno começar a entrar em colapso, estaremos prontos para mudar o ritmo do mundo ocidental. Vocês dirão que tais ritmos não pertencem ao território do rádio; mas eles pertencem, tanto quanto os ritmos hiperbiológicos. Se o rádio moderno superestimula, os ritmos naturais poderiam ajudar a restaurar o bem-estar físico e mental, devolvendo-os ao nosso sangue. O rádio pode, de fato, ser o melhor meio para realizar isso. E, quando a descoberta de que a nossa existência contínua neste planeta depende do restabelecimento dessa continuidade com todas as coisas vivas, suspeito que o rádio refletirá essa descoberta e fará sua parte.

Muitos anos atrás, Bruce Davis e eu tivemos uma ideia, a qual nomeamos como Rádio Silvestre. O plano era colocar microfones em locais remotos, não habitados por humanos, e transmitir o que quer que estivesse acontecendo lá: os sons do vento e da chuva, os gritos de pássaros e animais, todos os eventos sem alterações significativas da paisagem sonora natural, transmitidos sem edição para o coração das cidades. Parecia-nos que, como o homem bombardeava seus assuntos privados no interior da paisagem sonora natural, um pouco de sabedoria natural poderia ser um antídoto útil. Ainda penso que seria uma boa ideia, e pacientemente aguardo sua realização.[3]

Os ritmos do rádio estão sempre mudando, e o engenhoso pensador deveria estar ciente disso. São os modelos rítmicos que ditam o conteúdo, nunca o contrário. Atualmente, se for possível inserir uma ideia em uma cápsula de três minutos, pode-se mandá-la para o rádio; caso contrário, isso não acontecerá. Essa brevidade modela o tratamento de todo o material, produzindo o que John Leonard chamou de o "grito plano" do rádio contemporâneo.

---

3 Veja Bruce Davis, FM Radio as Observational Access to Wilderness Environments [O rádio FM como acesso observacional para ambientes silvestres], *Alternatives* (Perspectives on Society and Environment, primavera de 1975), p.21-7.

166 R. MURRAY SCHAFER

Em vez de histórias, opinião enlatada; em vez de discussão, sirenes; em vez de tristeza, detalhes horríveis; em vez de brincadeira, respiração pesada, punhos.[4]

A limitação não é técnica, mas cultural, pois, tecnicamente, o sinal do rádio é contínuo e pode ser moldado da forma que se queira. Mas deixem-me demonstrar a vocês uma mudança de ritmo que começou a aparecer. Todos sabemos que a média de idade da humanidade ocidental está aumentando. Acredito que tenha sido em 1971 que a revista *Time* concedeu o prêmio Homem do Ano a todas as pessoas com menos de 21 anos, pois naquela época a maior parte da população norte-americana estava abaixo dessa idade. Desde então, ela vem crescendo. Os cientistas sociais já estão conscientes de que a geriatria é um campo de pesquisa interessante, e os governos de todos os lugares estão prometendo dinheiro para programas focados em idosos.

Hoje, as pessoas mais velhas procuram um tipo diferente de conforto pelo rádio, comparado ao dos mais jovens. Elas têm seus programas favoritos e são menos inclinadas a exigir uma contínua cortina sonora para envolver sua rotina diária. A música de que gostam é mais lenta e leve. As vozes são mais antigas; há menos margem e frenesi para elas. Então, quanto tempo vocês acham que levará para o ritmo do rádio começar a desacelerar para agradar a esse público em crescimento e, incidentalmente, rico? Há uma década, a CBC mudou o horário de seu principal noticiário da noite, passando das 23h para as 22h. Por quê? Porque as pessoas mais velhas dormem mais cedo. As pessoas mais velhas também ficam menos tempo andando por aí de carro. Que efeito isso terá? Todos sabem que a rádio AM é destinada, principalmente, a ser ouvida nos carros; que é comprimida para fornecer um pico contínuo de sinal, necessário para mantê-la acima do ruído gerado pelo próprio carro, que em muitos modelos excede oitenta decibéis em velocidades mais altas. As pessoas mais velhas vivem em ambientes mais silenciosos; o silêncio faz parte de

---

4 Citado de uma entrevista de rádio da WQXR (Nova York), *c.*1981.

VOZES DA TIRANIA **167**

sua vida; elas o temem menos do que os jovens. Espero que essas considerações apareçam em modelos de transmissão revistos, na idade e no tempo das vozes dos anunciantes, na escolha e nas dinâmicas da música, nos tópicos de discussão e nos métodos de agrupar todos esses materiais.

Ouvir rádio na presença de ruído (o rádio do carro é um bom exemplo) tem tido um efeito muito interessante na programação: ele a elimina. Em qualquer sistema propenso ao ruído, a informação tem de ser reduzida, e a redundância, aumentada. Os programas com um alto coeficiente de informação (educacionais e culturais) são substituídos por outros em que módulos básicos são repetidos, ou variam levemente. Os desfiles de bobagens e notícias, anúncios e a previsão do tempo,[5] que retornam constantemente, são exemplos de tais repetidores. Não é meramente uma questão de gosto; resulta mais de considerações técnicas que afetam os ambientes dos ouvintes. Certamente não tem nada a ver com democracia. Embora os norte-americanos pudessem citar esse fato como a razão para o baixo nível da transmissão em seu próprio país, há outros países igualmente comprometidos com a democracia (Inglaterra, Canadá, França), cuja história da transmissão enfatiza uma programação de alto nível intelectual – ao menos até o momento em que o rádio do carro, o rádio das lojas e o rádio da rua a rebaixarem ao nível da Ágora.

Nos velhos tempos, os programas de rádio existiam como entidades separadas para grupos com interesses especiais. Guias de programação eram publicados e consultados. Conheço pessoas, no Canadá e na Europa, que marcavam os guias toda semana e, depois, ficavam em casa para ouvir o programa preferido, em vez de sair para assistir a um filme, ver um concerto ou uma peça de teatro. Em toda a minha pesquisa da paisagem sonora, tenho tentado mostrar como um excesso de ruído ambiental produz ouvintes descuidados. Nós não ouvimos mais rádio, nós o ouvimos superficialmente.

---

5 No original, *"Weather burps"*, isto é, arrotos de clima. O autor está sendo irônico, referindo-se a essa repetição constante como algo rude e involuntário que se ouve constantemente. (N.T.)

Ele permanece, servindo-nos de escudo para a grosseria da vida moderna. O rádio tornou-se a canção dos pássaros do século XX, decorando o ambiente com beleza. A transmissão como sinal desapareceu quando o horário da programação deixou de ser impresso. O que o substituiu foi o contínuo palavrório comercial.

Buckminster Fuller costumava dizer que lixo era um produto não empacotado. Barulho é lixo. Ouvir com fones de ouvido põe um selo protetor entre o barulho e o cliente, desinfetando-o. Esse não é um corretivo na campanha contra a poluição sonora, mas uma profilaxia. Todavia, representa um determinado esforço do público para escapar das interrupções sônicas e reconquistar a serenidade da escuta sustentável e seletiva. Esse também é um assunto que os radialistas criativos não deveriam ignorar.

Uma das condições de qualquer forma de arte é que ela precisa produzir uma metalinguagem pela qual possa ser adequadamente descrita. Poesia e pintura são formas de arte porque temos uma teoria de poesia e pintura. Isso talvez explique por que não temos uma forma de arte correspondente para cheiros; a gramática pela qual tal arte poderia ser analisada e criticada é muito fraca. O rádio, tal como é agora, provavelmente não é uma forma de arte, pois lhe falta um aparato exegético (ou ao menos um guia de programação adequado) para sua análise externa. Em *A afinação do mundo*, chamei a atenção para a pobreza do criticismo que trata dessa rica e potente paisagem sonora contemporânea. O que precisamos é de um estudo da transmissão radiofônica em termos de semiótica, semântica, retórica, rítmica e forma. Um bom programa de rádio merece a mesma atenção crítica de um bom livro ou um bom filme. E as formas de transmissão radiofônica deveriam ser tão interessantes para os sociólogos ou antropólogos como a própria forma de vida, da qual elas são, de muitas maneiras, um reflexo. Quando penso no número de estudantes de música que são forçados a analisar a Quinta Sinfonia de Beethoven *noch einmal*,[6] ou no número de estudantes de literatura que se sentam para retocar a "Ode on a Grecian Urn", de Keats – se

---

6 *Noch einmal*, em alemão no original, quer dizer "de novo". (N.T.)

VOZES DA TIRANIA **169**

apenas metade deles fosse redirecionada para uma análise do rádio que tivessem ouvido naquele dia, uma séria crítica da radiodifusão poderia começar e, com isso, com o tempo, as reformas mais sérias. Pode-se apenas criticar coisas que ocorrem duas vezes. Seu comentário somente tem valor para outras pessoas se elas souberem que também serão capazes de ver ou ouvir as coisas que estão sendo discutidas. O rádio que prospera em termos de novidade e imediatismo não encoraja a atenção crítica. Mas isso, também, é uma moda. Esta era está intimamente ligada ao nome de McLuhan, pois ele foi o primeiro a captar o seu pulso. A eletricidade, diz McLuham, é informação total. E os responsáveis pelas transmissões radiofônicas subitamente se tornaram conscientes do imediatismo do sinal de rádio. Lawrence Blair descreve assim esse processo:

> Nenhuma linguagem parece ser uma barreira para a irmandade escondida dos operadores de rádio amadores e profissionais. Em toda parte do mundo, eles se sentam a milhares de milhas de distância uns dos outros, embora conectados pela eletrônica – e a única pista de sua existência são as pontas de aço que emergem discretamente de seus sótãos. Essa irmandade internacional nunca dorme, mas continuamente monitora e alimenta as formas-pensamento do planeta: as crises políticas, as novas descobertas, os desastres, tudo é intercambiado imediatamente. A hipotética "Noosfera" de Teillard de Chardin, um envelope de "pensamento" ao redor do mundo – é agora bastante real.

Isso é o que todos nós acreditávamos há vinte anos, e eu não gostaria de estimar quantas licenças foram concedidas a radialistas como resultado de promessas de trazer o mundo para a soleira da porta de grupos de pessoas cada vez maiores e mais remotos. Isso era a camuflagem que escondia a intenção de usar a licença para imprimir dinheiro. A fraude prospera ainda hoje. Ela é chamada "rádio informativa". Sua reivindicação é conectar os ouvintes instantaneamente a elementos vitais, em qualquer lugar em que estes possam estar acontecendo no globo. Sua meta é manter tudo no fio da navalha do tempo presente. É a forma especial de rádio da sociedade progressiva

170   R. MURRAY SCHAFER

de ações empacotadas; e a maior parte de seus clientes é jovem. Seus defensores estão nos levando a crer (e McLuhan certamente tem sua parcela da culpa nisso) que o potencial do meio é mais apropriadamente alcançado dessa maneira. De fato, *um* potencial é alcançado, mas, quando passa o interesse por ele, o rádio informativo torna-se uma moda, como tudo mais; e a moda, como Cocteau observou certa vez, é o que fica fora de moda.

Eu costumava pedir aos alunos para monitorar estações de rádio e, depois, desenhar mapas nos quais fixavam pontos para cada topônimo na programação – nomes de cidades, países, estabelecimentos comerciais, a localização de todos os eventos, tudo que, uma vez identificado, pudesse estar ligado a um lugar. O que emergiu, em quase todos os casos, foi uma rede de pontos amontoados em torno da própria comunidade, e alguns poucos espalhados sobre o resto do mundo. Olhando esses mapas, não se podia evitar a conclusão de que o rádio era intensamente regionalista, levemente nacionalista e totalmente desinteressado no resto do mundo, exceto quando isso significa problema. Todo o globo pode estar transmitindo, e satélites podem estar movimentando essas transmissões por toda parte com fantástica precisão, mas a forma mais saudável de transmissão radiofônica hoje é aquela concentrada na comunidade. Ela resiste à invasão. De fato, duvido que, em toda a sua história, a transmissão (de rádio ou TV) tenha ampliado o entendimento, para os povos do mundo, a um nível próximo daquele de um livro. E, a despeito de todo clamor em contrário, não penso que os radialistas tenham alguma vez tido a intenção de fazer isso. O rádio tem sido muito mais um instrumento do nacionalismo do que de internacionalismo; e, quando os transmissores estiveram transmitindo para o exterior, foi somente para espalhar propaganda. A rádio comercial é ainda mais fortemente territorial, com redes comprando franquias como se fossem mercearias ou estacionamentos.

A transmissão de rádio regional parece estar ganhando importância em toda parte. Em países como a Inglaterra e a Alemanha, os dialetos regionais, que já foram tabu, estão sendo ativamente encorajados em programas nacionais. No Canadá, a CBC está

VOZES DA TIRANIA **171**

desmantelando seus principais centros de transmissão para fazer programações as mais locais possíveis. Essas ações podem ser reacionárias, mas são, certamente, reais. As transmissões, em todos os lugares, estão começando a abrir espaço para as transmissões regionais. Os técnicos também nos asseguram de que as limitações de 500-1600 kilohertz e de 88-108 megahertz logo serão superadas, tornando possível que centenas e, por fim, milhares de novos canais de áudio pulverizem a audiência em uma miríade de grupos de interesses especiais. À medida que ocorrem esses desdobramentos, o rádio deveria tornar-se um meio mais responsivo e cibernético, permitindo que seus ouvintes se envolvam mais ativamente nele. Em certo sentido, isso começou com o show em linha direta, que é uma reconversão do rádio em telefonia; mas isso pode não parar aí. Se os ouvintes se tornarem uma força verdadeira para remodelar o rádio, devem ter oportunidade de participar da escolha da temática. Eles não podem ser forçados e manipulados por astutos apresentadores de rádio. Na Holanda, por exemplo, Willem de Ridder opera um programa de rádio no qual ele põe no ar qualquer fita cassete gravada por um ouvinte. A variedade é espantosa e revigorante.

De modo semelhante, tenho pensado com frequência que, se pudéssemos colocar microfones em restaurantes, clubes, ou em qualquer lugar em que as pessoas se reúnem para debater algo, os resultados poderiam ser muito estimulantes. Em um encontro do Kiwanis clube, em uma cidadezinha, mulheres em uma festa de chá, estudantes de nível médio fumando ao lado da escola, mendigos em um banco de parque, fazendeiros em uma loja de artigos variados, *sem* um apresentador que mantivesse seus pensamentos em foco – qualquer uma dessas situações, ou um milhão de outras, forneceria material mais interessante do que as opiniões acerca dos principais tópicos frequentemente solicitados pelos ouvintes. Isso, também, é tecnicamente possível. O obstáculo é a arrogância dos locutores.

A tarefa da arte é sugerir alternativas para o presente. Nesse sentido, toda arte é antiambiente. Ela vibra com ritmos estranhos, agitando, percutindo, subindo, deprimindo, desequilibrando, atirando-nos em novos modos de perceber, pensar e fazer. A arte é

172 R. MURRAY SCHAFER

sempre destacada da realidade, não em tempo ou espaço, mas conceitualmente. Ela nos dobra para trás e nos puxa para a frente. Seus ritos e rituais são as ligações entre aquilo que já morreu e aquilo que ainda não nasceu, entre forma e possibilidade, entre realização e sonho. A arte é inimiga do presente; ela sempre quer mudá-lo por meio da introdução de outros tempos. A arte altera o mundo percebido por apresentar novos ritmos, esquecidos, ignorados, invisíveis, impossíveis.

E se o rádio se tornasse uma forma de arte? Nesse caso, seu conteúdo seria totalmente transformado. Ele não mais rodaria como escravo da tecnologia da máquina, mecânica e presa ao relógio; não mais palpitaria com os espasmos de produção e consumo, cantando para os ricos e babando sobre os pobres; ultrapassaria os impedimentos da mecanização, afogaria a fúria dos vendedores e produtores, amordaçaria as vozes dos novos âncoras e novos analistas. Todas essas excrecências da sociedade do "mais" seriam empurradas para dentro do pote de cinzas do esquecimento, e o rádio começaria a soar com novos ritmos, os biociclos de toda vida e cultura humanas, os biorritmos de todas as criaturas vivas e da natureza. Hoje há pessoas no mundo – e a história da humanidade é feita quase totalmente de tais pessoas – que não tentaram se separar da natureza com máquinas, que vivem vidas orgânicas dentro dos grandes ciclos naturais do universo, os quais elas aceitam e respeitam. Nessa condição, e somente nessa condição, o rádio poderia ser religado com o primordialmente divino, carregado com a energia do sagrado e restaurado para sua condição radical original.

O que estou demandando é uma abordagem fenomenológica para a transmissão que substitua a humanística. Que a voz do anunciante seja silenciada. Que as situações sejam apresentadas à medida que ocorrem, sem interrupção de patrocinadores, relógios, ou manipulação editorial. Uma estação de rádio na Quebec rural tem o seguinte slogan:

> Uma nota musical, o canto de um pássaro, um poeta, uma ideia e, às vezes, também, silêncio, nas ondas da CIME – FM 99.5 mega-hertz. Você está ouvindo a vida.

VOZES DA TIRANIA **173**

Infelizmente, com frequência os conteúdos não correspondem ao anunciado; mas *estão* abordando o tema que estou anunciando. Transmissão fenomenológica, em vez de humanística. Reportagens que não tenham sempre o humano no centro, pervertendo, explorando e fazendo mal uso dos eventos do mundo para obtenção de vantagem pessoal. Que os fenômenos do mundo falem por si, com suas próprias vozes, em seu próprio tempo.

Às vezes dou a meus alunos a tarefa de criar programas de rádio que não sejam tolhidos por qualquer restrição. Aqui estão algumas de suas ideias:

1. Um programa sobre um matadouro como um plano de fundo para um supermercado.
2. A história de vida de uma girafa, do nascimento à morte.
3. Uma mulher dando à luz.
4. Crianças com deficiência sendo alimentadas numa escola de educação infantil.
5. O diálogo dos ladrões.
6. Pôr um anúncio incomum, com um número de telefone, num jornal. Gravar as respostas.

A esses poderiam ser acrescentados um sem-número de temas. A transmissão de qualquer ritual entre animais, humanos, pássaros ou insetos. Se a qualidade da luz, como revelado por olhos fotoelétricos, muda de segundo a segundo durante as vinte e quatro horas do dia, porque não deveria o rádio registrar as mudanças da paisagem sonora a cada minuto? Ele é o instrumento perfeito para fazer isso. Por que não seria possível gravar as mudanças das estações do ano pelo registro do som das folhas, ou a chegada dos pássaros na primavera? E por que não seria possível descerrar esses temas com a voz daqueles que mais bem os entendem? O monólogo de um chefe índio, completado com deliberados e calculados silêncios que formavam uma importante parte da sua eloquência e que enfureciam o homem branco. Por que não é possível para o rádio tomar o ritmo de outra civilização, digamos, pela leitura de *Les Misérables*, de Victor Hugo, sem

174 R. MURRAY SCHAFER

parar, pelo tempo que durasse? Se a imersão total é o caminho para
se aprender línguas, também é uma maneira de aprender culturas.
Ou James Joyce lendo *The Wake* [O despertar]. Não é um livro, na
verdade, é um programa de rádio. Ou a voz dos contadores de histórias ao redor do mundo, trazendo-nos as miraculosas tonalidades
do desconhecido; por exemplo, uma leitura de *As mil e uma noites*, a
série perfeita, interrompendo-se, como a contadora de histórias pre-
tendia, ao amanhecer, no meio de cada episódio, para continuar na
noite seguinte, ao poente. Ou programas no meio da noite, em horas
não determinadas – o tempo perfeito para o rádio. "A noite elimina
o corpo, o dia, a alma", disse Spengler. Ou a música da África, da
China, da América do Sul e da Ásia, a música de bambus e de pedras,
a música de grilos e cigarras, a música de rodas d'água e cachoeiras,
ininterruptas por horas, sem início ou fim, justamente como elas são
quando acontecem.

Para muitos desses temas teremos de sair do estúdio. Mas por que
não? Que espaços fechados miseráveis são os estúdios de transmissão – secos, apertados, antissépticos. Todo o mundo ressonante está
acontecendo continuamente – e elegemos ruminar na latrina – que,
por sinal, é a única outra sala à prova de som realizada pela moderna
engenharia. Vá para o espaço aberto. Vá para as ruas, para os campos,
para as florestas e os campos de gelo. Crie de lá. Vire de ponta-cabeça
todo o modelo de transmissão à sua volta e você vai se surpreender
com as novas ideias que surgirão dentro de você. Serão necessários
novos equipamentos, mas isso vem depois. Aposte no novo território e ele será projetado para você – o microfone projetado para gravar
a percussão do campo de batalha, para despencar nas profundezas do
oceano ou para capturar as taxas de precessão das moléculas.

Há vinte anos, começamos a produzir uma série de programas
de rádio intitulada "Paisagens sonoras do Canadá". Nosso objetivo
era tentar ampliar o território do rádio, apresentando ao ouvinte
ambientes sonoros não usuais. Em um dos programas, viajamos de
Terra Nova até Vancouver reunindo todas as respostas recebidas
para a pergunta: "Como podemos chegar a...?". O que os ouvintes ouviam eram informações a respeito de como ir de uma vila ou

VOZES DA TIRANIA **175**

cidadezinha para a próxima, absolutamente por todo o país, dadas em todos os dialetos e línguas, e com todos os estilos idiossincráticos de fala dos informantes de todas as regiões, de leste a oeste. Outro programa consistia de nada mais nada menos do que três sinos de igreja de uma vila em Quebec. Outro consistia de todos os sons de pessoas que gravam jogos ouvidos em suas viagens: jogos ao ar livre em campos de areia e ringues de hockey; jogos em ambientes fechados, como bilhar e carteado; jogos com varas, bolas, palavras e fichas, arranjados em uma montagem que era quase musical. Fizemos vinte e quatro horas de gravação no solstício de verão, na zona rural perto de Vancouver, e desse material extraímos dois minutos de cada hora para formar uma espécie de dia e noite circadianos. A CBC, que encomendou a série, não ficou muito entusiasmada com ela. Eles a consideraram sem graça. Não tinham aprendido a ouvir, como tínhamos, com novos ouvidos. Não tinham aprendido que, quando o corpo e a mente estão preparados e todo o ser está centrado, a escuta periférica substitui a escuta focalizada, e todos os sons, mesmo os menores, tornam-se notícias do mais alto interesse.

Era um começo. Ele pode ser construído, e o rádio radical é o meio de fazer isso. Negação radical e afirmação radical. O criativamente destrutivo, e o destrutivamente criativo. É um tema nietzscheano, porém é mais do que isso. É o tema do universo vivo. Ponha seus microfones lá e você captará as vozes dos deuses. Pois eles ainda estão lá, Osíris, na inundação das águas, Mercúrio, no fogo do alquimista, Tor e Tifeu, nas nuvens de tempestade, e a voz de Deus em toda parte.

9
MUSECOLOGIA

Como ponto de partida, tome-se o Dia da Terra de 1990. No dia 22 de abril daquele ano, a mídia fez brotar o verde, com reportagens de manifestações e celebrações por todo o mundo, em homenagem à Mãe Terra. As crianças nas escolas ganharam mudas de árvores para levarem para casa e plantarem. Em quase todas as grandes cidades, um mar de gente inundou parques e praças municipais para discutir formas renováveis de energia, alimentos naturais, chuva ácida e a destruição das florestas no mundo – que não são tópicos novos, mas que agora são importantes para um público significativamente ampliado. Acreditava-se que a década da consciência ecológica estava se inaugurando.

Por detrás disso tudo havia silenciosas estatísticas a respeito da população mundial: ela havia duplicado, passando de 2,5 bilhões para 5 bilhões, entre 1950 e 1987, com uma projeção de se chegar a 10 bilhões em 2050, de acordo com as últimas estatísticas das Nações Unidas. Ninguém pode responder se a natureza será capaz de prover recursos para esses números e alimentar as esperanças das pessoas de toda parte para o aumento de seus padrões de vida. No Ocidente, como se por antecipação das expectativas a respeito de pessoas distantes e não nascidas, a conservação tornou-se um tema maior: programas de reciclagem têm sido instituídos por cidadãos e

178 R. MURRAY SCHAFER

governantes locais, resiste-se ao excesso de embalagens, reduz-se o consumo de energia.

Se todas as coisas em um ecossistema são interdependentes, ninguém, não importa a que profissão ou ocupação se dedique, pode esperar permanecer indiferente a essas preocupações, e isso se aplica a músicos, como também a industriários, políticos ou crianças. Tradicionalmente, os músicos têm tentado permanecer afastados de preocupações sociais, clamando que a música é uma busca abstrata, uma forma de fuga, e não de conserto do mundo. Adotando-se uma visão mais ampla, vê-se que isso não foi sempre assim: a música com frequência tem estado envolvida com questões sociais, e ainda é assim na maior parte das culturas tradicionais. A música pode permanecer amoral, mas seus patrocinadores a engajaram para auxiliar na aquisição de uma série de fins sociais, tanto desejáveis quanto indesejáveis. Ela pode curar ferimentos ou induzi-los; pode manter as pessoas unidas ou segregá-las; tem servido a políticos demagogos e a empresários comerciais, assim como tem servido a homens santos e a fazedores de chuva. Se o assunto é sério, a música pode muito bem se envolver – e não quero dizer que ela meramente oferecerá um concerto de rock num parque no final das festividades, como já fez em Nova York, Toronto ou, provavelmente, em uma centena de outros encontros menos divulgados, no Dia da Terra de 1990. A questão a respeito de como ela pode servir melhor a essas finalidades, ou, dito de outro modo, como essas finalidades, se compreendidas, podem transformar a música, é o tema que quero discutir.

Os proponentes do Dia da Terra de 1990 prepararam para pôr em circulação uma lista de 133 modos de Salvar a Terra, que foi amplamente reproduzida pela imprensa. São itens dirigidos ao indivíduo e que não requerem motivação particularmente altruística para serem executados; demandam muito pouco tempo ou esforço e, ainda, são sensatos, se alguém acredita que curar a Terra começa pela limpeza de seu próprio espaço.

Dessa lista, vou selecionar alguns itens, em torno dos quais gostaria de fazer circular algumas reflexões. Sob o título "Redução de desperdício e reciclagem", lemos:

VOZES DA TIRANIA **179**

Compre produtos reciclados, recicláveis, confiáveis, reparáveis, retornáveis; evite descartáveis.

Conserte e repare em vez de descartar e substituir.

Compre produtos duráveis.

Evite o impulso de comprar.

Todos esses itens são todos ataques à Sociedade do Crescimento Industrial e aos gastos do consumidor desenfreado que a sustenta. A indústria da música, tal como a temos hoje, é, certamente, parte desse sistema, e sua gradativa mercantilização durante o século XX mudou radicalmente os hábitos de seus expoentes, bem como os de seus consumidores. Muito dessa mudança pode ser atribuída à captura e ao empacotamento do som para obtenção de lucro. Antes da invenção do rádio, do fonógrafo e do gravador, a música era reciclada na performance ao vivo. Os músicos, naquela época, dedicavam a vida a um repertório razoavelmente limitado, que com frequência sabiam de cor. Com o advento dos sistemas de reprodução, o repertório repentinamente se expandiu, a neofilia surgiu entre os amantes da música e um novo tipo de executante foi necessário, alguém com habilidade para a compreensão rápida de técnicas atuais e adaptabilidade aos diferentes estilos de performance e de companheiros executantes. Enquanto alguns artistas têm tenazmente se agarrado à música que eles conhecem melhor, muitos têm tentado ampliar suas conquistas, voltando-se com frequência para coisas mais leves e populares, para as quais sua formação lhes possibilitou apenas uma familiaridade casual. Em suas piores formas, essa tendência degenerou na superficialidade escorregadia do músico de estúdio e do compositor de trilhas para filmes.

Há muito tempo o crítico Walter Benjamin assinalou como uma obra de arte sob a influência da reprodução mecânica começa a mudar: sua aura começa a diminuir, seu valor como obra original é minado, o ritual da performance cede espaço para os anúncios, enquanto a obra é rebaixada à "igualdade universal das coisas". Mais do que isso, novas obras intencionalmente começam a ser destinadas à reprodutibilidade. Tão logo executadas, elas são, por assim dizer,

180   R. MURRAY SCHAFER

descartadas, enquanto o artista se move em busca de novos desafios. O resultado é uma cultura dinâmica e em constante transformação, com uma superabundância de artefatos, mas sem qualquer vínculo real com a maior parte deles. Muitos itens têm sido totalmente descontextualizados, tirados de suas raízes exóticas e exibidos por seu charme. Os ritmos africanos e latino-americanos a serviço da música popular e de cinema são um bom exemplo disso. No momento, esses ritmos formam um acompanhamento dúctil para metade da indústria do entretenimento do mundo ocidental. Espera-se que executantes e arranjadores os dominem, sem a menor noção das qualidades mágicas e de vodu com as quais eles já foram empoderados.[1] Cada vez mais a música é disponibilizada pelos executantes, que não entendem adequadamente as tradições a ela relacionadas, ou o contexto do qual é retirada.

"Comprem produtos duráveis." Não há dúvida de que, quando Brahms gravou sua "Berceuse" no cilindro de Edison, pensou que ela duraria. E, em cada geração de mudanças eletroacústicas, nos são oferecidos produtos que se afirma serem permanentes, a mais recente proclamação feita para o CD, que, como os fabricantes nos contam, é "praticamente indestrutível". Mas durarão? Infelizmente, os gostos mudam, e a maior moda do negócio hoje é a tecnologia. As consequências para o repertório são claras: cada geração de tecnologia de gravação torna obsoleto todo o repertório anterior, a menos que ele possa ser transduzido[2] em um novo molde. E a motivação para isso, em geral, se deve à renovação dos direitos autorais. Estamos numa época em que quase todo material gravado pertence a alguém. Assim, temos retomadas de músicas de *rock and roll* dos anos 1950 e 1960, enquanto seus proprietários tentam extrair o máximo lucro de sua obra, antes que elas caiam em domínio público. O negócio de

---

1 Um bom exemplo da busca do músico ocidental para entender esses poderes, depois de anos de execução desses ritmos emprestados, é *Drumming at the Edge of Magic*, de Mickey Hart (San Francisco, 1990).

2 "Transduzir" é usar um recurso eletrônico que transforma uma forma de energia em outra. (N.T.)

gravação nada conhece dos originais; sua ambição é "ouro puro", um milhão de cópias apodrecendo em algum lugar.

"Recuperar e consertar em vez de descartar e substituir." Instrumentos musicais que são continuamente tocados, em geral, são recuperados e consertados e, com frequência, no processo, melhoram com a idade. Eles são um bom exemplo de produtos sustentáveis, ao lado dos quais a compra de discos e de equipamentos eletroacústicos são meras "compras impulsivas". Deter esse impulso sinalizaria o fim dos negócios de música, tal como existem atualmente. A arte seria reciclada e reutilizada; a novofilia esvaneceria e o repertório se estabilizaria.

A sociedade do "descartável" será sempre cativada pelo novo e constrangida pelo velho. Isso é verdade tanto para pessoas como para carros. A negligência é uma atitude mental originada na fé no progresso e na sobrecarga da opulência. Em sociedades mais tradicionais, as de nosso próprio povo nativo, por exemplo, a idade não

Figura 26
Invenções consideradas miraculosas há menos de cem anos estão hoje se multiplicando mais rapidamente do que os seres humanos, e já nos asfixiam no desperdício.
Fonte: *Unesco Courrier*, nov. 1976.

significa, *ipso facto*, inutilidade; os idosos detêm o poder, e as tradições culturais e os artefatos são mantidos intactos, como instrumentos sociais operativos, não como peças de museu. É nesse sentido que falo de voltar a um repertório estável, como substituto da parada de sucessos dirigida pelo dinheiro e pela puberdade. Em 1990, a indústria fonográfica gerou uma receita ao redor do mundo estimada em 20 bilhões de dólares, fornecendo serviços a um consumidor essencialmente passivo. Os entusiastas do Dia da Terra deveriam examinar sua própria dependência dela e compreender que o equivalente a dar um passeio pelo campo, em vez de dirigir, é cantar suas próprias canções em vez de tocar alguma coisa de alguém.

Como o ecologista e filósofo norueguês Arne Naess aponta, qualquer real compromisso com a terra invariavelmente levará o indivíduo a atitudes mais ativas e menos passivas. Quando não existe paixão no envolvimento, a pessoa tende a tornar-se um paciente intransigente, suprido com produtos e serviços sociais de fora. O grau de dependência de todos nós das formas eletroacústicas de música precisa ser discutido mais amplamente. Minha coleção de CDs já chega a quase cem, e eu nem ao menos tenho um aparelho de CDs. Eles foram todos doados a mim por agentes. Será que podem ser reciclados? Reciclar é o primeiro passo na rota da estabilização. Mas a restrição de consumo só começa, de fato, quando se para de amassar garrafas e se passa a preenchê-las; então, tanto a garrafa quanto seu conteúdo ganham valor. Há muita comida em certas partes do mundo? Sim. Há muita música em certas partes do mundo? Provavelmente. A contração de repertório pode ser tão difícil de ajustar quanto o compromisso de uma dieta para emagrecer, mas pode, um dia, tornar-se uma necessidade saudável.

A respeito da "Energia", na lista do Dia da Terra, encontramos, também, alguns itens a considerar:

> Diminua a temperatura de seu termostato em alguns graus, especialmente à noite e quando a casa estiver vazia.
> Evite o ar-condicionado o máximo possível.
> Feche a casa e não aqueça as salas que não estiverem em uso.

VOZES DA TIRANIA **183**

Evite manter seu refrigerador ou freezer muito frios.
Desligue o aquecedor de água.

Em vão procuro na lista a condenação dos onipresentes aparelhos de rádio e televisão, com frequência deixados ligados em salas
vazias e espaços públicos. Suponho que qualquer pessoa tenha tido a
experiência de caminhar por um shopping center, ou entrar em um
restaurante, em uma hora em que haja poucos frequentadores, para
descobrir que alguém está sozinho com a música. A música como som
de fundo sempre existiu; o que mudou é que, no mundo moderno,
ela requer um aumento de amplificação para ser ouvida. E ainda, de
alguma maneira, isso permanece imperceptível para os entusiastas
que prepararam a lista de redução de energia para salvar o mundo.

Tem havido muitas condenações da música eletroacústica de
fundo nos últimos anos, desde a celebrada resolução do Conselho
Internacional de Música da Unesco, em 1969:

> Denunciamos por unanimidade as infrações intoleráveis da liber-
> dade individual e do direito de todos ao silêncio, pelo uso abusivo,
> em lugares públicos e privados, de música gravada ou transmitida.
> Pedimos ao Comitê Executivo do Conselho Internacional de Música
> que inicie um estudo a partir de todos os ângulos – médico, cientí-
> fico e jurídico –, sem esquecer seus aspectos artísticos e educacionais,
> tendo em vista propor à Unesco, e às autoridades de todos os lugares,
> medidas destinadas a pôr um fim a esse abuso.

O economista político Jacques Attali compreendeu que a música
de fundo era uma proposição necessária à Sociedade do Crescimento
Industrial, anunciando "o silêncio geral dos homens ante o espetáculo das commodities".[3] Como ferramenta para a conquista do crescimento econômico, "a repetição da música confirma a presença da
repetição do consumo".[4] Attali, na verdade, vai mais longe quando

---

3 Jacques Attali, *Noise* (Minneapolis, 1985), p.112.
4 Ibid., p.111.

184   R. MURRAY SCHAFER

chama o Estado moderno de "um gigantesco emissor de ruído e, ao mesmo tempo, um generalizado recurso de bisbilhotice".[5] A inversão do alto-falante em um microfone para bisbilhotice, censura, vigilância e controle? Ideia interessante. Certamente, sabemos que o Estado se permite fazer escuta telefônica; mas os oponentes também podem ser encontrados por meio dos programas com a participação do ouvinte, no rádio midiatizado. A música também informa o estado de espírito de seus cidadãos, por exemplo, na extensão do quanto as canções de protesto adquirem popularidade em tempos de conflito. Em geral, o Estado gosta de música alegre e distribui licenças a patrocinadores que prometerem tocá-las. Ele não gosta de música séria ou de tambor nativo, e a música da Idade Média é considerada um anátema. As mudanças ocorrem misteriosamente. No início da Guerra do Golfo, a música marcial subitamente reapareceu. Mesmo os halls de entrada dos hotéis eram inundados com gravações de paradas de vitória dos antigos filmes de guerra. Quando as ambições do Estado e os grandes negócios soam juntos, o temperamento de toda música ouvida em espaços públicos instantaneamente responde a tais pressões por mudanças – e penso que um ou dois alunos de doutorado poderiam tratar desse tema de modo competente.

Músicos e professores de música têm sido, há muito tempo, oponentes da música de fundo, embora eu tenha notado, quando entro em seus carros e eles ligam a ignição, que o rádio está em geral ligado e quase sempre sintonizado na estação da rádio de rock local. Há, também, casos de escolas na América do Norte onde a música de fundo toca constantemente, presumivelmente porque se pretende acalmar os alunos rebeldes. Uma investigação independente a respeito da necessidade da música de fundo em nossa vida está muito atrasada. Em sua forma atual, é relativamente recente, tem cerca de cinquenta anos. Como um observador razoavelmente perceptivo, tenho notado que bancos e livrarias foram os últimos estabelecimentos a introduzir paredes sonoras. Também notei que o volume tem aumentado nos últimos anos.

---

5 Ibid., p.7.

VOZES DA TIRANIA   **185**

Sempre tive a impressão de que as drogas foram permitidas pela mesma razão. Desde os dias da Guerra do Vietnã (a primeira guerra impopular da história) até tempos muito recentes, as drogas foram toleradas entre os jovens por toda a América do Norte. Com o sentimento crítico da franca juventude anestesiada, a Sociedade do Crescimento Industrial poderia desenvolver seus planos para o controle global sem obstáculos. Se a aplicação de medidas duras contra o tráfico de drogas começou em nossa época, foi apenas porque, à medida que os hospitais se enchiam de viciados e o desejo por drogas passava a atingir vítimas cada vez mais jovens, afetando, mesmo, crianças que ainda não tinham nascido, os custos e as baixas dessa forma de *doping* começaram a superar os benefícios. A toxicologia do negócio de drogas causou um súbito golpe naqueles que pagam um alto custo para reabilitar as vítimas, e os governos, antes indiferentes, estão sendo obrigados a agir.

Isso leva a música a ser considerada o antidepressivo mais seguro. Seu valor como um meio de restringir comportamento contraditório tem sido há muito tempo reconhecido, e os desenvolvimentos tecnológicos durante a última metade do século XX têm tornado possível ameaçar populações inteiras dessa maneira. Lembro-me, durante uma visita aos Balcãs em 1959, de ter ouvido música folclórica continuamente entrelaçada à propaganda política nos alto-falantes nas ruas de quase todas as cidades que visitei. Isso foi um pouco antes de a indústria do Muzak lavar as paredes do mundo ocidental. A gradual substituição da rádio comercial por música de fundo elétrica é um fenômeno das últimas duas ou três décadas e indica uma determinação mais firme de manipular o comportamento social, o lixo dos comerciais correspondendo à propaganda política nas sociedades controladas. Longe de resistir aos abusos da música popular, nossos políticos a endossam a cada oportunidade: Reagan abraça Michael Jackson, Jacques Chirac agarra Madonna, Nixon fotografa a si mesmo admirando as abotoaduras douradas de Elvis Presley.

Outro dia, na sala de espera de um médico, fui forçado a ouvir uma estação de rádio comercial que tocava música de discoteca num volume desagradavelmente forte. Pedi à enfermeira que diminuísse

186 R. MURRAY SCHAFER

o volume. Dois pacientes mais velhos concordaram, exclamando "é horrível!", mas a moça se recusou: evidentemente, a equipe desejava manter o bom humor no consultório do subsolo. Menciono esse fato apenas como exemplo de como estamos sendo reprimidos pela música, usualmente escolhida a partir de uma lista de estações de rádio praticamente idênticas, em geral por pessoas jovens, autossuficientes, com frequência ignorantes e, com certeza, terrivelmente nervosas a respeito do silêncio. Estranha ironia: música como um deslocamento de silêncio, para manter silêncio.

Não faz muito tempo visitei uma universidade na Califórnia. Uma banda de rock estava fazendo um show ao meio-dia na área verde do campus, no volume imperialista indispensável para esse tipo de música. Nem um edifício sequer ficou ileso; os palestrantes guerreavam com a música, mesmos nas salas de aula mais distantes, e o ritmo pulsante tornava-se subtexto de tudo o que estava sendo pronunciado. Caminhei até o limite do campus para deixar de ouvir as desagradáveis palavras das canções. Lá encontrei um solitário mexicano que cortava grama com abafadores auditivos contra o ruído das ceifadoras. Como o único beneficiário de programas de higiene auditiva implantado na indústria por volta de 1970, somente ele estava a salvo.

O fato de o mundo ocidental estar se ensurdecendo tem sido bastante pesquisado.[6] O termo "sociocusia" aplica-se à surdez que afeta uma sociedade inteira, que começa com a perda das frequências superiores e gradativamente se espalha para as mais baixas durante a vida, reduzindo ao silêncio os sons mais delicados do mundo. Ouvir música em volume alto causa essa mudança de limiar tão fatalmente quanto qualquer ruído industrial, e, ainda assim, quase não

---

6 Algumas estatísticas: 33% dos estudantes que entraram na Universidade de Tennessee em 1981 tinham um dos mais altos registros de perda auditiva. Uma pesquisa na Universidade de Zurique mostrou que 70% dos DJs e músicos de rock examinados apresentavam considerável redução da audição, sendo que outra pesquisa suíça revelou que, embora 50 mil jovens que entraram no serviço militar em 1968 mostravam sinais de perda auditiva, no início dos anos 1980 o número havia subido para 300 mil.

VOZES DA TIRANIA **187**

há regulamentação em nenhum lugar que imponha limites à intensidade dos shows de rock, ou aos níveis permissíveis para ouvir com fone de ouvido.

Por que, então, supomos que a música é uma droga segura? Quando o Estado se recusa a proteger a saúde de seus cidadãos, podemos supor que ele tem outro objetivo em mente: nesse caso, o sucesso da Sociedade do Crescimento Industrial em detrimento do bem-estar do indivíduo ou da tranquilidade do ambiente natural, onde, por sinal, nenhum som perigoso ocorre. Música para encobrir a violação da natureza. Música levadas por fios para dentro das favelas que substituem a natureza. Música para dopar o jovem que protesta. Música para torturar o pensador independente. Esse é o arranjo totalitário do Estado moderno, em conluio com industriais e políticos em sua malevolente conspiração para manter tudo sob seu domínio. Como os sacerdotes de Moloch, eles gritam para os músicos: "Mais alto, mais alto! Ainda podemos ouvir seus gritos!". E os músicos batem seus címbalos de metal cada vez mais forte, para cobrir os débeis guinchos das vítimas, à medida que são jogadas no caldeirão de fogo. Noriega, expulso da embaixada do Vaticano no Panamá por soldados que tocavam música de rock ensurdecedora vinte e quatro horas por dia, é apenas um exemplo de música na guerra.

Ou vamos esperar que, um belo dia, o Ministério da Saúde dos Estados Unidos [*U.S. Surgeon General*] se oponha ao uso abusivo da música, do mesmo modo que concluiu que fumar faz mal à saúde, provocando assim o ímpeto de uma sociedade sem fumo? Afinal, é meramente outra forma de limpar o ar. Eu esperaria que os proponentes do Dia da Terra reconhecessem esse argumento.

Para mudar de assunto, vamos examinar suas resoluções a respeito dos "Alimentos".

Cultive uma horta.
Compre comida orgânica, se possível cultivada localmente.
Não compre comida fora da estação.
Organize jantares em que cada um traga um prato.
Seja criativo com sobras de alimento.

188   R. MURRAY SCHAFER

Essas são resoluções destinadas a diminuir o consumo de alimento e aumentar seu valor nutricional. O turismo desenvolveu o apetite por comidas exóticas. Eu diria que a cozinha é a linguagem internacional hoje, substituindo a música. Quando perguntei em sala de aula, em uma universidade em Ontário, quantos alunos já haviam ido a um restaurante chinês, todos levantaram as mãos. Cerca de 90% deles tinham também visitado um restaurante indiano e quase o mesmo número tinha ido a restaurantes mexicanos, vietnamitas, japoneses e árabes. Nenhum deles disse conhecer a música dessas partes do mundo. A música no mundo moderno é um acontecimento muito tendencioso, cuidadosamente apoiado e criticado por seu valor de propaganda. Nas sociedades tradicionais, que não têm turismo ou imigração, todos comem a comida local. Aplicado à música, poderíamos esperar que o que fosse produzido em casa recebesse uma avaliação igualmente positiva. Por anos temos vivido com uma indústria musical que caminha do centro para a margem. A música de qualidade é produzida nos centros, que são com frequência cidades exoticamente grandes, e enviada para as margens, a periferia, para ser comprada. É uma noção que grupos locais têm combatido durante anos, independentemente de quais sejam suas habilidades.

"Não compre fora da estação." Isso restauraria o calendário sazonal, delimitado por plantio e colheita. Não sobrou mais nada em nosso calendário de primavera para celebrar o plantio de nossas hortas, sendo que o jantar do Dia de Ação de Graças, no outono, é meramente um devorar para qualquer pessoa não envolvida na colheita.

Morte e ressurreição são os temas do cultivador de hortas. Observar uma horta durante o verão é testemunhar essa indescritível transformação. É como ver a própria vida em miniatura. A excitação dos primeiros brotos verdes na terra úmida da primavera; vigilância contra lebres e marmotas que esperam para devorá-los; as plantas mais fortes se espalhando rapidamente pelo mês de junho, mas enxameadas de insetos de todas as cores e formas descritíveis; então, o longo e quente verão sem água; carregam-se baldes e baldes à medida que os primeiros frutos começam a aparecer, nunca suficientes, até que uma tempestade irrompe e as plantas crescem até tamanhos inacreditáveis, empurrando as pedras para o lado, no triunfo de sua maturidade; chegam os quentes dias outonais, com cigarras nas árvores, e se começa a fazer planos para estocar o excedente. Seus vegetais são menores do que os do supermercado; não importa; é o sabor; é vida e morte que se está comendo.

Os mitos e rituais de vegetação são centrais em todo folclore. Osíris, Tamuzz, Adonis, Attis e Dionísio personificam a queda e o renascimento anuais da vida, dirigidos pela Mãe Terra. Esse é o tema de *O ramo de ouro*, de Sir James Fraser, uma obra que mostra que toda sociedade já teve seus rituais de vegetação. Naquelas épocas, populações inteiras celebravam juntas esses mistérios, dançando e cantando nos campos. Qualquer retorno a um calendário agrário reabilitaria os equinócios como os pontos pivô para tais celebrações, e ligaria, novamente, a música a épocas e lugares específicos. Por extensão, endossaria toda música projetada para ocasiões especiais: dias de festa, festas de volta ao lar, aniversários e casamentos. A música enlatada estaria deslocada aqui; a música viva, executada por músicos locais, seria novamente valorizada.

A mesma linha de pensamento vale para os conselhos sobre "Transporte", da lista do Dia da Terra.

> More perto do trabalho ou de mercados para poder ir a pé.
> Ande de bicicleta ou caminhe.
> Não corra. Dirija em velocidade moderada.
> Evite dirigir na cidade.
> Use trens em vez de aviões; informe seus representantes políticos que você apoia os trens.

Quando eu era professor de comunicações, costumava pedir aos alunos para projetarem uma comunidade sem carros. É claro que a comunidade se contrairia: faixas de cidades ao longo das rodovias deixariam de existir, e comunidades de alojamentos teriam uma vida plena. Em certo sentido, seria um retorno ao que existia há um século, uma era em que a pequena cidade mantinha o controle sobre

190   R. MURRAY SCHAFER

muito de sua vida comercial e cultural. Cidades europeias com populações menores do que as de Lethbridge ou Brandon não apenas produziram seus Bachs e Haydns, mas os conservaram. Foi somente mais tarde, com as viagens mais seguras, e particularmente depois da implantação das ferrovias, que o talento passou a fugir para as cidades grandes, para Paris ou Viena. Nos dias de Goethe, Weimar possuía uma modesta população de 5 mil habitantes, mesmo assim manteve alguns dos maiores poetas da Alemanha e tornou-se um centro de peregrinação para muitos de seus intelectuais e artistas, incluindo Beethoven. As cidades e vilarejos norte-americanos também ressoavam com sua própria cultura nativa naqueles dias: toda cidade tinha uma banda, algumas tinham orquestras, a maior parte executava peças compostas e produzidas localmente, e algumas poucas ainda se dedicavam à criação de óperas. Minha avó cantava em um coro da cidadezinha de Warsaw, em Ontário (com uma população de cerca de duzentas almas); o coro ensaiava três noites por semana e, de vez em quando, viajava. Hoje, essas cidades e vilas são pardieiros culturais, as margens alimentadas por centros externos ou, ao menos, por canais através dos quais shows itinerantes passam ocasionalmente. Uma crise energética poderia mudar tudo isso.

Quando se lê os textos dos anarquistas William Godwin ou Peter Kropotkin, percebe-se que o que eles realmente defendiam era a integridade regional contra o controle do megaestado. A preservação da independência era para ser mantida sem "obediência a qualquer autoridade, mas por acordos livres firmados entre vários grupos, territoriais e profissionais, livremente constituídos para a salvação da produção e do consumo, como também por uma infinita variedade de necessidades e aspirações do ser civilizado".[7] Uma sociedade pluralista, assim constituída, resistiria à autoridade de qualquer grupo de interesse que crescesse em poder até um ponto em que pudesse oprimir os grupos menores que se lhe tornassem submissos. Com o crescimento do regionalismo, estamos testemunhando uma tentativa instintiva de

---

7 Peter Kropotkin, citado em *The Essential Writings of Anarchism*, ed. Marshall S. Schatz (Nova York, 1971), p.xi f.

concordar justamente com isso. Para ajudar criativamente na restauração da vida em uma escala menor, os músicos teriam de renunciar a muitas de suas táticas imitativas e encontrar inspiração em outro lugar que não fosse entre os *superstars* da indústria, como ocorre agora. Eles teriam que se voltar para os grupos étnicos de suas próprias áreas e, finalmente, para o ambiente de suas próprias regiões.

No quesito "Preservação da vida e do ambiente", na lista do Dia da Terra, um item chamou minha atenção como tendo possível significado para músicos:

> Evite comprar madeira de florestas tropicais.

Essa é uma crítica ao que vem ocorrendo no Brasil... ou no Canadá. Quero que vocês entendam o papel que a música tem desempenhado ao ajudar a definir as ambições do megaestado em oposição à comunidade autocontida, e, para isso, precisamos olhar para os materiais físicos dos quais os instrumentos são feitos. O poderoso e imperialista megaestado olha para fora em busca de recursos; a comunidade autocontida olha para dentro.

Considerem um índio nativo que fez um tambor de um animal que matou. O animal era seu totem, seu ancestral. Sempre que ele toca o tambor, o animal continua a falar. A voz daquele se une à dele, consciente ou inconscientemente essa ligação nunca estará ausente de sua canção. Marius Schneider sugeriu que todo instrumento musical tradicional envolveu o sacrifício de um ser vivo em sua construção – uma ideia inesquecível.

Considerem um pastor que construiu uma flauta dos caniços de um regato. Há um comentário perfeito a esse respeito na abertura de *Masnavi*, de Rumi, chamado "O lamento da flauta de bambu".

> Ouça com atenção a flauta de bambu, como ela reclama,
> Lamentando sua expulsão do lar:
> "Desde quando eles me arrancaram de minha cama de vime,
> Meus tons chorosos têm comovido homens e mulheres até as lágrimas.

192 R. MURRAY SCHAFER

Arrebento meu peito tentando exprimir visões
E expressar a angústia de minha saudade de casa.
Aquele que mora longe de seu lar
Está sempre ansioso pelo dia do retorno.
Meu lamento é ouvido em cada multidão,
Em conjunção com aqueles que se alegram e aqueles que choram.
Cada um interpreta minhas notas em harmonia com seus próprios sentimentos,
Mas ninguém penetra o segredo de meu coração.[8]

Que o material de um instrumento musical possa ter outro lar que não a caixa que o carrega, ou que pudesse estar internamente ansioso para retornar a seu elemento nativo, é uma noção que nunca ocorreu ao músico ocidental de hoje. Ou, se ocorreu, ele ficaria envergonhado, pois muitos de seus materiais, como a madeira das florestas brasileiras, são produto de pilhagem: ouro, prata, ébano, marfim, o pau-rosa dos xilofones, a granadilha dos oboés. Esses não são materiais de seu quintal; na maior parte das vezes, vêm da África, da Ásia e da América do Sul, e foram originalmente levados pelos poderes coloniais à Europa, onde foram transformados em instrumentos, que se poderia chamar de troféus de pilhagem. Quando os cidadãos, em casa, ouviam os acordes dilatados da sinfonia, e viam toda aquela extravagância no palco, eram ostentosamente relembrados do seu glorioso império, "no qual o sol nunca se põe". E a música se arrastava, em crescendo após crescendo, a preencher seu prodigioso sonho de florescimento das colônias e prosperidade no lar. Alguns dos materiais podem ter mudado, mas o subtexto da música comercial, hoje, é idêntico.

Uma música ecologicamente responsável reduziria sua dependência tanto de materiais estrangeiros quanto de inspiração de fora, para buscar ambas as coisas mais perto de casa. E por materiais entendo, também, a eletricidade, a matéria-prima das bandas eletrificadas. Os anarquistas teriam buscado introduzir uma diversidade

---

8 *Teachings of Rumi*, trad. E. H. Whinfield (Nova York, 1975), p.1.

de fontes de energia para impedir a concentração de poder. Vejo com surpresa como toda a indústria da música se conecta à mesma fonte de energia, com frequência perigosamente produzida ou extraída do território de alguém, e imagino quando essa compreensão lhes ocorrerá. Em *Music in the Cold* [Música a frio] (1976), escrevi: "A arte dentro da coação de um sistema é ação política em favor desse mesmo sistema, independentemente de seu conteúdo". A música eletrificada apoia projetos ambientalmente descuidados, como em James Bay,[9] não importa suas preferências.

Na primavera de 1990, eu estava na Bretanha durante uma terrível tempestade de vento que deixou o lugar sem eletricidade por um dia. E mesmo em Paris houve um blecaute que durou três horas. Não havia notícias, não havia telecomunicação do centro de controle da França, e compreendi como seria fácil conquistar um país, detonando sua usina de energia. As chamadas telefônicas foram reduzidas, pois a central de computadores da Minitel não funcionava. Não se podia ligar para um médico ou hospital, porque não era possível encontrar o número. Localmente, houve algumas mudanças interessantes: as caixas registradoras não podiam ser abertas, e os comerciantes começaram a fazer cálculos com lápis; as máquinas dos correios recusavam-se a dispensar selos; não havia pão no vilarejo porque o padeiro amassava sua massa em uma grande máquina elétrica, e ela não podia ser removida. A música, naturalmente, também foi assassinada pelo blecaute. Talvez seja somente em um estado de emergência como esse que se possa compreender a extensão do risco que a música corre hoje – uma vez que ela não está mais sob o controle da respiração e dos dedos do executante –, de cair em total esquecimento mais rapidamente do que qualquer outra tradição musical que o mundo já tenha conhecido.

---

9 Trata-se do projeto de uma monumental hidroelétrica construída em 1971 pelo governo de Quebec, em James Bay, na costa oriental do Canadá. Foram construídas oito estações geradoras, o que permitiu a produção de energia livre de poluição em quantidades significativas. No entanto, esse projeto também degradou profundamente o ambiente e afetou fortemente as comunidades indígenas que habitam a região, e seus efeitos são sentidos ainda hoje. (N.T.)

É hora de resumir. A lista do Dia da Terra termina com alguns pontos sob o título "Filosofia".

Use meios simples em suas tarefas diárias e evite instrumentos desnecessariamente complicados.

Evite a "novofilia" – o amor pelo que é novo somente porque é novo.

Valorize as diferenças étnicas e culturais entre as pessoas.

Cultive a vida em comunidade.

Celebre com práticas especiais as mudanças sazonais, os solstícios e os equinócios.

Reduza o estresse em sua vida.

Faça atividade física.

Divirta-se e seja alegre.

Para alcançar os objetivos dos entusiastas do Dia da Terra, a indústria da música dos dias atuais teria de ser reestruturada. Por um único motivo: a relação entre o consumidor passivo e o executante ativo demandaria modificações. Seria necessário um maior número de executantes-professores com foco na comunidade, e o público teria de parar de se enxergar como mero consumidor de entretenimento projetado para benefício próprio. A indústria fonográfica entraria em colapso.

Então seríamos reduzidos a um estado de nação em desenvolvimento. Mas como desenvolver? Desenvolver pela retomada de posse do fazer música para todos. "Ninguém canta uma nota errada na nossa tribo", disse-me uma vez um índio. Isso não significa que não haja virtuoses ou mestres cantores na sociedade indígena. Significa simplesmente que todos têm um lugar na comunidade de cantores.

Dolores LaChapelle, uma seguidora dos caminhos indígenas e uma intérprete do que é conhecido como "ecologia profunda", que é a crença na igualdade de todas as formas de vida em sua diversidade, interação e simbiose, escreveu que "a raiva e a destruição em todas as idades – crianças, adolescentes e adultos – ocorrem pelo fato de esses indivíduos terem sido deixados de 'fora da história'".[10] Então, como inseri-los de volta na história? O músico ecologicamente consciente do próximo milênio pode pensar sobre isso.

---

10 Dolores La Chapelle, *Sacred Land, Sacred Sex, Rapture of the Deep* (Silverston, Colorado, 1988), p.133.

10
Nunca vi um som

Agora, quero falar de sons.

O mundo está cheio de sons.

Não posso falar deles todos.

Devo falar de sons que importam.

Para falar de sons, faço sons.

Crio – um ato original que executei no momento em que emergi nesta Terra.

A criação é cega. A criação é sonora.

"No princípio Deus criou o céu e a terra" – com sua boca.

Deus deu nome ao universo, pensando alto.

Os deuses egípcios nasceram quando Aton, o criador, lhes deu nome.

Mitra nasceu de vogais e consoantes.

Os deuses terríveis nasceram do trovão.

Os deuses frutíferos nasceram da água.

Os deuses mágicos nasceram do riso.

Os deuses místicos nasceram dos ecos distantes.

Toda criação é original. Todo som é novo.

Nenhum som pode ser repetido de forma exata. Nem mesmo o próprio nome. A cada vez que for pronunciado, será diferente. E o som ouvido uma vez não é igual ao ouvido duas vezes. Nem o som ouvido antes será igual ao ouvido depois.

Todo som comete suicídio e nunca retorna. Os músicos sabem disso. Nenhuma frase musical pode ser repetida exatamente do mesmo jeito.

Os sons não podem ser conhecidos da mesma maneira que a imagem. Ver é analítico e reflexivo. Põe as coisas lado a lado e as compara (cenas, slides, diagramas, figuras...). Essa é a razão pela qual Aristóteles considerava o olhar "a principal fonte de conhecimento". Imagens são conhecíveis. Imagens são substantivos.

Soar é ativo e gerador. Sons são verbos. Como toda criação, o som é incomparável. Assim, não pode haver ciência do som, somente sensações... intuições... mistérios...

No mundo ocidental, e por muito tempo, os olhos têm sido a referência de toda experiência sensória. As metáforas visuais e os sistemas escalares têm dominado. Ficções interessantes têm sido inventadas para pesar e medir os sons: alfabetos, roteiros musicais, sonogramas. Mas todos sabem que não se pode pesar um assobio, contar as vozes de um coro, ou medir o riso de uma criança.

Provavelmente é ir longe demais dizer que, na cultura aural, a ciência desapareceria, especialmente a física e a matemática e seus dependentes – estatística, fisiologia, psicologia empírica, desenho, demografia, operações bancárias etc.; a lista é longa. Talvez seja suficiente dizer que, nas culturas puramente aurais, elas não aparecem.

Desviei-me do caminho?

Estava dizendo que tudo no mundo foi criado pelo som e analisado pela visão. Deus falou primeiro, e viu que era bom depois.

O que acontece se não for bom? Deus destrói com som. O Ruído mata. A Guerra. O Dilúvio. O Apocalipse.

O ruído cancela. Torna a linguagem poliglota; é o caso de Babel. Quando o ruído do mundo se tornou tão alto que perturbou "até as partes mais íntimas dos deuses", eles lançaram o Dilúvio (*Epopeia de Gilgamesh*).

Alguns dizem que o ruído do Apocalipse será de uma intensidade de arrebentar os ouvidos (Maomé, no *Corão*, ou John de Patmos, em *Revelação*). Outros sustentam que "o mundo não terminará com um barulho, mas com um lamento". Em qualquer dos casos, será som, pois todos os eventos traumáticos mantêm o som como elemento expressivo: guerras, violência, amor, loucura. Somente a doença é silenciosa e se rende à análise.

Venha comigo agora e sente-se na arena da vida. Os assentos são livres e o entretenimento é contínuo.

A orquestra do mundo está sempre tocando; nós a ouvimos de dentro e de fora, de perto e de longe.

Não há silêncio para o viver.

Não temos pálpebras auditivas.

Estamos condenados a ouvir.

Ouço com minha orelhinha...

A maior parte dos sons que ouço é ligada às coisas. Uso os sons como pistas para identificar essas coisas. Quando estão escondidas, os sons as revelarão. Ouço através da floresta, atrás da esquina, sobre a colina.

O som chega a lugares que a vista não alcança.

O som mergulha abaixo da superfície.

O som penetra no coração das coisas.

Quando não presto atenção nas coisas às quais os sons estão ligados, o mundo fenomênico desaparece. Torno-me cego. Sou varrido para longe, sensorialmente, pela vasta música do universo.

Tudo neste mundo tem seu som – mesmo os objetos silenciosos. Só conhecemos os objetos silenciosos se tocarmos neles. O gelo é fino, a caixa é vazia, a parede é oca.

Há aqui um paradoxo: duas coisas se tocam, mas apenas um som é produzido. Uma bola bate na parede; uma baqueta bate no tambor; um arco raspa a corda. Dois objetos: um som.

Outro caso de "1 mais 1 igual a 1".

Também não é possível juntar sons sem mudar o caráter deles. Paradoxo de Zeno: Se um *bushel*[1] de milho entornado no chão faz um barulho, cada grão e cada pedaço de cada grão também deveriam fazer um barulho, mas, de fato, não é assim.

---

1 *"Bushel"* é uma unidade de medida de capacidade para mercadorias sólidas e secas. Um *bushel* de milho corresponde a 25,40 kg. (N.T.)

Em acústica, a soma é igual à diferença.

Os sons me falam de espaços, se são pequenos ou grandes, estreitos ou amplos, internos ou externos. Os ecos e reverberações me informam a respeito de superfícies e obstruções. Com prática, posso começar a ouvir "sombras acústicas", do mesmo modo que os cegos. O espaço auditivo é muito diferente do espaço visual. Estamos sempre no limiar do espaço visual, olhando para dentro dele, com o olho. Mas estamos sempre no centro do espaço auditivo, ouvindo para fora, com o ouvido.

Assim, a consciência visual não é o mesmo que a consciência auditiva. A consciência visual olha para a frente. A consciência auditiva é centrada.

Sempre estou no coração do universo sonoro.

Com suas muitas línguas, ele fala comigo.

Com as línguas dos deuses, ele fala comigo.

Não se pode controlar ou modelar o universo acústico. Muito pelo contrário. Essa é a razão pela qual as sociedades orais são consideradas não progressivas; elas não olham diretamente para a frente.

Se eu quiser ordenar o mundo, preciso tornar-me "visionário".

Então, fecho os ouvidos e crio cercas, linhas divisórias, estradas retas, paredes.

Todos os maiores temas da ciência e da matemática, tal como se desenvolveram no mundo ocidental, são silenciosos (o contínuo espaço-tempo da relatividade, a estrutura atômica da matéria, a teoria corpuscular e ondulatória da luz), e os instrumentos desenvolvidos para esses estudos, o telescópio e o microscópio, a equação, o gráfico, e, sobretudo, o número, são igualmente silenciosos.

A estatística lida com um mundo de quantidades que se presume ser silencioso.

A filosofia lida com um mundo fenomênico que se presume ser silencioso.

A economia lida com um mundo material que se supõe ser silencioso.

Mesmo a religião lida com um Deus que se tornou silencioso.

A música ocidental também é concebida a partir do silêncio. Por dois mil anos, ela vem sendo maturada por detrás de paredes.

As paredes criaram uma separação entre música e paisagem sonora. As duas se separaram e se tornaram independentes. Música dentro; pandemônio (isto é, maldade) fora.

Mas tudo que é ignorado retorna. A veemente obscuridade da paisagem sonora responde de forma negativa para nos confrontar com a poluição sonora.

Como um problema articulado, o ruído pertence exclusivamente às sociedades ocidentais. É a discórdia entre os espaços visual e acústico. O espaço acústico permanece torto porque não pode ser possuído. Torna-se marginalizado – um esgoto sonoro. Hoje, vemos o mundo sem ouvi-lo, por detrás das vidraças dos edifícios.

Em uma sociedade aural, todos os sons importam, mesmo quando ouvidos apenas casualmente.

"No momento em que se escuta o grito do grou, começa o plantio do inverno" (Hesíodo, *Works and Days* [Os trabalhos e os dias]).

Em Ontário, o sinal para parar de bater nos plátanos é dado quando os sapos da primavera são ouvidos; então, o gelo já derreteu, a seiva é mais escura, o xarope, inferior.

Outro exemplo: um homem caminha pela neve. Sabe-se a temperatura pelo som de seus passos. Esse é um jeito diferente de perceber o ambiente; um jeito no qual o *sensorium* não é dividido; um jeito em que se reconhece que toda informação é interconectada.

Alguns sons são tão especiais que, uma vez ouvidos, jamais serão esquecidos: o uivo do lobo, o canto da mobelha, a locomotiva a vapor, uma metralhadora.

Em uma sociedade aural, sons como esses podem ser trazidos para a frente e mimetizados em canção ou fala tão facilmente quanto uma sociedade visual pode desenhar um quadro ou um mapa.

A sociedade visual é sempre surpreendida pela capacidade de retenção aural das pessoas que ainda não passaram pela fase visual. O *Corão*, o *Kalevala* e a *Ilíada* eram memorizados.

Lembre-se disso.

O homem visual tem instrumentos para ajudá-lo a reter memórias visuais (pinturas, livros, fotografias). Qual é o dispositivo para reter memórias auditivas?

202   R. MURRAY SCHAFER

A repetição.

A repetição é o meio para a memória do som.

A repetição é o meio pelo qual os sons são retidos e explicados.

A repetição é o meio pelo qual a história do mundo é afirmada.

A repetição nunca analisa; meramente insiste.

A repetição faz o ouvinte participar da afirmação, não por compreendê-la, mas por conhecê-la.

"Está escrito, mas digo a você...". E direi de novo e de novo e de novo, porque Ouvir é Acreditar.

À medida que o apelo do mundo analítico-visual enfraquecer e for substituído pela intuição e pela sensação, começaremos a descobrir, novamente, a verdadeira afinação do mundo e a magnífica harmonia de todas as suas vozes.

Encontraremos o centro.

Então o corpo todo se tornará um ouvido e todos os sons virão, o conhecido e o desconhecido, o doce, o triste e o urgente.

Quando meu corpo se deita branco e azul[2] na cama, à noite, então, todos os sons vêm a mim por sua própria decisão, sem pressa, estranhamente misturados, o tom leve e o lento moer das montanhas.[3] Depois, a escuta está mais alerta... e há música diante de mim... enquanto passo para o outro lado, "para a terra que ama o silêncio".

---

2 Foi difícil descobrir o significado dessa frase. Eleanor James, esposa de Schafer, explica: "Isso quer dizer simplesmente que, à noite, as coisas parecem brancas à luz da lua e azuis nas sombras. Quando Murray está deitado, fica branco ao luar, pois tem a pele muito clara, e as sombras do quarto também fazem seu corpo parecer azul. Branco e azul no texto é uma tentativa poética de ajudar o leitor a se sentir na mesma situação, pois todos nos deitamos à noite, acordados, mas ouvindo, com o corpo branco e azul, com o luar que vem da janela. Todo o corpo, então, torna-se um ouvido". (N.T.)

3 No original, "the slow grinding mountain". Nessa situação de quase-sono, o autor escuta tão profundamente, e está tão consciente, que diz poder ouvir as montanhas movendo-se umas em direção às outras. As placas tectônicas da terra movem-se tão lentamente que é impossível ouvi-las, mas o autor sugere que, nesse estado, está tão profundamente consciente que pode perceber com os ouvidos esse movimento. (N.T.)

SOBRE O LIVRO

Formato: 14 x 21 cm
Mancha: 23,7 x 42,5 paicas
Tipologia: Horley Old Style 10,5/14
Papel: Off-white 80 g/m^2 (miolo)
Cartão Supremo 250 g/m^2 (capa)
1ª edição Editora Unesp: 2019

EQUIPE DE REALIZAÇÃO

Edição de texto
Richard Sanches (Copidesque)
Tomoe Moroizumi (Revisão)

Capa
Negrito Editorial

Editoração eletrônica
Sergio Gzeschnik (Diagramação)

Assistência editorial
Alberto Bononi

Rua Xavier Curado, 388 • Ipiranga - SP • 04210 100
Tel.: (11) 2063 7000 • Fax: (11) 2061 8709
rettec@rettec.com.br • www.rettec.com.br